리더십의 새로운 가능성을 꿈꾸다

Executive Values

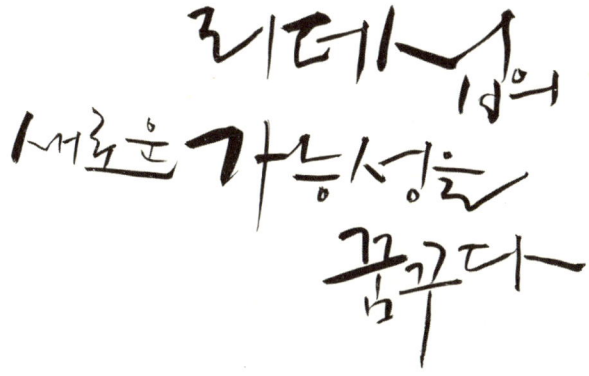

커트 센스케 지음 ㅣ 이영주 옮김

BM 황금부엉이

섬기는 리더, 성공하는 기업

E X E C U T I V E   V A L U E S

우리는 벌어들이는 것으로 생계를 유지한다.
그러나 인생은 우리가 다른 사람들에게 나누어 주는 것으로 만들어진다.

윈스턴 처칠Winston Churchill

이 책을 집필하는 동안에 일어났던 두 가지 사건은 우리 조직과 그 구성원들의 개인적인 삶에 큰 영향을 주었다. 첫 번째 사건은 2001년 9월 11일에 일어났던 테러리스트들의 공격이다. 이 비극적인 사건을 목격했던 사람들 대부분과 마찬가지로 나 또한 나에게 가장 중요한 사람들—아내와 딸—과 함께 있어야만 한다는 사실을 절감했다. 또한 내가 얼마나 나약하고 미약한 존재인지를 절감했다. 무언가 사회를 변화시키고 희생자와 유가족을 도와야 한다고 생각했지만 어떻게 해야 할지 도무지 알 수가 없었다. 내가 지금까지 전문 직업인으로서 쌓아왔던 모든 성과가 이 끔찍한 9·11 사태 앞에서 무용지물이 되었던 것이다.

첫 번째 사건만큼 끔찍한 것은 아니었지만, 이 책을 집필하는 동안 일어났던 두 번째 사건 또한 우리 모두의 관심을 끌었다. 바로 엔론 Enron사의 몰락이다. 700억 달러 가치의 기업이 파산하게 되자 수천 명의 엔론사 직원들의 퇴직금이 날아갔고 그보다 더 많은 소액 투자자들에게 고통을 주었던 이 사건은 정말 믿기 힘들었다. 고위 경영진들이 이익을 돌려줘야 할 이들의 돈을 갖고 자기 배만 불리려 고의적인 회계부정을 저질렀다는 사실이 의회 청문회를 통해 증명되자 우리는 분노와 경악을 금치 않을 수 없었다. 우리는 최고라고 여겼던 두 조직, 즉 엔론과 아서 앤더슨Arthur Andersen으로부터 배신감을 느껴 이제는 도대체 누구를 신뢰할 수 있을지 의문스럽다. 후에 우리는 다른 최고의 기업들, 몇 기업만 들자면, 아델피아Adelphia, 다이너지Dynergy, 글로벌 크로싱Global Crossing, 메릴린치Merrill Lynch, 퀘스트Qwest, 타이코Tyco, 월드컴WorldCom 등 또한 직원과 고객 그리고 주주들의 돈으로 고위 간부들의 배만 불려준 탐욕스럽고 비윤리적인 회계부정을 저질렀다는 사실을 발견하게 되었다. 이런 기업들과 이 기업들이 활동하고 있는 시장을 신뢰하고자 하는 우리의 마음은 더더욱 흔들리게 되었다.

너무나도 많은 부정 사건과 사기 사건들로 인해 사회와 개인들은 스스로를 점검하고 성찰하게 되었다. 이 두 사건 이후 1990년대 경제 성장기 동안 음지에서 조명을 받지 못하고 있던 개인과 조직생활에서 가장 중요한 두 가지 요소가 점차 주목을 받기 시작했다. 첫째는, 지금까지 너무도 오랫동안 우리의 생활을 일, 가정, 종교로 분리하여 각각의 생활에 다른 기준을 적용해왔다는 사실을 우리들이 자각하게 되었다는 것이다. 가정이나 교회에서, 가족들과 친구들 사이에 지키고 있는 기준은 일터에서도 그대로 적용되어야만 한다. 중역실이든 공장이든, 조직의 어느 직급에 있든지, 사람들은 자기 만족과 조직의 성공, 모두 달성할 수 있도록 자신들의 신앙과 가치를 직업 세계에 연결시키는 방법을 찾고 있다.

둘째로는 영리를 추구하든 비영리 집단이든 '가치'와 조직의 '성공'이 사실상 떼어놓을 수 없는 것이라는 오래된 진리를 다시 깨닫게 되었다는 점이다. 미국 연방준비제도이사회FRB 의장인 앨런 그린스펀이 '평판 자본capitalized reputation'이라고 설명한 바와 같이, 우리 사회는 한 조직의 가치나 성공이 그 평판과 떼어놓을 수 없도록 단단히 결속되어 있는 신용기반 경제 체제의 한가운데 있다.

9·11 사태와 엔론 사태 이후 사무실뿐 아니라 중역실에서 이루어졌던 수많은 대화들을 보면, 이제 사람들이 가치와 장기적인 성공은 서로 분리할 수 없다는 사실을 직관적으로 이해하고 있음을 알 수 있다. 그러나 아쉬운 점은 바로 우리의 지식과 가치 모두를 포함한 전부를 일터로 가져갈 수 있도록 지침을 제시해주는 어떤 틀이나 청사진이 없다는 것이다. 기독교인들 또한 자신들의 신앙을 기준으로 한 원칙들을 일터에서 적용할 수 있도록 해주는 틀이나 명분에 만족하지 못하고 있다. 비록 의도 자체는 좋을지라도 직장에서의 끊임없는 압박과 매일 나타나는 장애물로 인해 목표를 이루는 것이 어렵다.

『영혼을 움직이는 리더Executive Values』는 바로 조직을 이끌고 있는 리더들에게 자신의 가치를 직장생활 속에 체계적으로 융합시키는 방법을 알려주고 있다. "남에게 대접을 받고자 하는 대로, 너희도 남을 대접하라."는 황금률을 엔론이나 아서 앤더슨, 그리고 최근 의심스러운 행위로 곤경에 처한 수많은 기업들의 최고경영진들이 따랐다면, 우리 사회는 부정부패 사건으로 인한 수많은 피해나 의회 청문회를 피할 수 있었을지도 모른다. 이 황금률을 집에서뿐만 아니라 직장에서도 지킴으로써 우리는, 우리가 속해있는 조직과 우리 주변 사람들에게 가치를 더할 수 있는 것이다. 우리는 우리가 가진 전부를 직장에 가져갈 수 있고, 단순히 생계를 유지하는 데 사용하는 것만이 아니라 인생을 엮어나가는 데도 쓸 수 있을 것이다.

텍사스주 오스틴에서

커트 센스케

차 례

EXECUTIVE VALUES

제1부 리더십의 황금률을 따르라

FOLLOW THE GOLDEN RULE OF LEADERSHIP

선하게 행동하여 실적을 올린다

세계에서 가장 성공적인 조직이면서도 동시에 가장 이타적인 조직이 되지 못하란
법은 없다. 이 두 가지 목표 사이에 부조화란 있을 수 없다.

짐 콜린스 Jim Collins

이 책은 동시에 언급되는 경우가 거의 없는 조직 리더십의 두 가지
측면을 결합시키고 있다. 다시 말해 '실적 올리기'와 '기독교적 가
치'를 조직 내에 통합시키고 있다. 조직의 리더들은 실적이 매우 중요
하다는 사실을 인지하고 있다. 실적이란 사실상 조직이 공공 부문이든
민간 부문이든 혹은 비영리 조직이든 영리 조직이든 간에 그 조직이
존재하는 유일한 이유가 된다. 그러나 현대 기업의 관행들을 보면, 조
직의 리더들이 수익성 있는 실적을 올리기 위해 신앙인으로서의 생활
과 직장생활을 반드시 분리해야 한다고 강요하고 있는 듯하다. 『영혼
을 움직이는 리더』는 조직생활에 신앙과 가치를 융합해주는 지도 역

할을 한다. 이 책은 실적을 올리는 것과 선하게 행동하는 것이 얼마나 밀접하게 연관되어 있는지를 보여주고, 기독교적 가치를 활용해서 조직의 목표를 달성할 수 있는 포괄적인 전략을 알려준다.

업무 실적은 조직의 유형에 따라 다양한 방식으로 측정된다. 학교에서라면 학습결과가 주된 방식이 될 것이며, 주식시장에 상장된 회사의 경우라면 주주들의 수익을 최대화하는 것이 가장 중요하다. 하지만 이를 더욱 복잡하게 만드는 것은 조직이 서로 상충되는 목표를 동시에 가지고 있다는 점이다. 예를 들어 병원은 고객들에게 최고의 치료를 제공하기 위해 존재한다. 그러나 병원 운영자는 또한 주주들의 수익을 최대화해야 할 책임도 동시에 가지고 있다. 이런 다양한 목표들을 추구함으로써 나타나는 압박으로 인해, 우선순위가 무엇인지 혼동되고 이타주의와 재정적인 현실 사이에서 결단을 내리도록 강요받게 된다. 그 결과 경영자들이 매일매일의 조직생활이라는 지뢰밭을 헤쳐나가면서 그리스도 중심의 가치를 일관되게 적용하는 것이 어렵게 된다. 이 지뢰란 우리에게 아주 익숙한 것들이다. 예산상의 압박, 근시안적인 시각을 가진 투자자들, 비현실적인 매출 목표, 까다로운 고용관련 문제들, 새로운 경쟁자, 변덕스러운 소비자들이 그 예이다.

이 책은 신앙을 통해 형성된 이상을 실천하기 위해 매일 고군분투하면서 조직이 제시한 목표도 이루고자 하는 조직의 리더들을 위해서 쓰여졌다. 나는 하나님이 우리의 신앙을 포기하면서까지 성공적인 직장생활을 영위하라고 하시지는 않았을 것이라 믿고 있다. 일터에서나 가정에서, 그리고 휴가 때조차도 우리가 그리스도의 삶과 가르침에 따라 삶을 이끌어 나가기를 하나님은 바라신다고 나는 믿는다. 더욱이 기독교 신앙을 바탕으로 한 가치를 우리의 직장생활에 융합시키는 것은 우리의 경쟁력을 높여 준다고 믿는다. 지속적으로 신앙적 가치를 직장생활에 융합하면 조직뿐만 아니라 개인적인 삶에도 매우 긍정적인 영향을 미치게 된다.

『영혼을 움직이는 리더』는 신앙을 양보하거나 자신의 영혼을 파는 일 없이, 자신이 선택한 직업에서 성공하는 데 도움을 주기 위해 쓰여진 길잡이책이다. "사람이 온 세상을 얻고도 제 목숨을 잃으면, 무슨 이득이 있겠느냐?"(마태 16:26) 예수님은 신앙을 버리고 세속적 명성이나 권력을 추구하는 것에 대해 경고하셨다. 모든 조직의 리더들이 너무도 잘 알고 있듯이 세속적인 성공을 얻으려는 유혹은 도처에 널려 있다. 상사들이 부하 직원들에게 회계자료를 날조하게 하거나, 일정 할당량을 채우기 위해서 매출 전표의 날짜를 조작하도록 요구하는 일이 얼마나 자주 일어나는가? 또는 양로원 원장 중에, 기존 예산에 맞추기 위해 의료 담당 직원의 수를 줄이거나 식사의 질을 낮추도록 요구하는 압력을 느껴보지 않은 사람이 누가 있겠는가? 이러한 조치들은 단기적으로는 효과가 있을지도 모르지만 장기적으로 보면 항상 손해가 된다.

역사를 살펴보면 근시안적이며 비윤리적인 리더들이 운영하는 회사들은 처음에는 번성할지라도 결국에는 그 대가를 치르게 되는 예가 수없이 많다. 이런 일에 대한 유혹은 개인의 삶에도 또한 해로운 영향을 끼치게 된다. 예를 들면 직장에서 너무 많은 시간을 보내던 고위 간부가, 어느 날 자신의 일에 대한 열정이 창의력을 갉아먹고 있으며 자신의 결혼생활까지 파괴하고 있다는 사실을 발견하게 되는 것처럼 말이다. 아무리 좋은 의도를 가지고 있는 리더들이라도 고립상태에서 내린 단편적인 결정이 해로운 것과 마찬가지로, 최우선시되는 전략 계획이나 의사결정 과정을 무시한 결정 또한 조직이나 고객 그리고 직원들에게 부정적인 영향을 미치게 된다.

기업들이나 그 경영진들은 세계가 점점 복잡해짐에 따라 냉정한 판단을 하는 것이 보다 어려워졌다. 비효율적인 생산시설을 폐쇄하면 직원들과 그 가족들, 그들이 속한 공동체에 큰 고통과 경제적인 어려움을 가져올텐데 이는 도덕적으로 정당한가? 업무를 더 이상 수행하지 못하는 20년 근속 직원을 해고하는 것은 윤리적인가? 대학 총장이 별로 실용적이지 못한 학과를 폐쇄하여 종신 임용 교수들과 헌신적인 교수진의 미래를 위험에 빠뜨리는 것은 괜찮은 일인가? 도대체 어떤 것이 올바른 일인가? 내가 주장하는 것은 이러한 것들이 선택적이거나 결단을 내릴 계제가 아니라는 것이다. 리더들은 실적도 올리면서 동시에 선을 행할 수 있는 체제를 개발하고 이를 시행할 책임이 있다는 것이 책의 논점이다. 나는, 표면적으로는 냉정하게 보일지라도 정당한 사유와 인정 있는 방식으로 결단을 내리는 것이 얼마나 어려운지 보여주고자 한다. 또한 직원들과 고객들을 대하는 데 기독교적 가치를 고수하는 것이 사업에 얼마나 도움이 되는지를 보여주고자 한다. 이 책은 성경공부를 통해 가정에서 그리고 예배를 통해 형성된 가치들이야말로 성공과 탁월함을 위한 기초 요소라는 믿음을 기반으로 쓰여졌다.

많은 기업의 리더들은 가치관과 기업의 실적이 서로 조화를 이루고 있다는 현실에 당황한다. 로라 내쉬Laura Nash는 자신의 저서 『비즈니스의 신앙인들Believers in Business』에서 기독교인들이 비즈니스 업무에서 경험할 수 있는 7가지 갈등 상황을 열거하고 있다.

- 하나님을 섬기는 일 대 이익 추구
- 사랑 대 경쟁
- 사람의 필요 대 수익을 내야 하는 의무
- 가족 대 일
- 성공을 해서도 개인적인 관점을 잃지 않는 일
- 관용 대 부
- 다원론적인 가치가 지배하는 일터에서 신앙의 증거자가 되는 일

나는 직업 세계에서 얻은 경험에서 이러한 선택들이 서로 모순되지 않는다는 사실을 배웠다. 직장생활, 종교생활과 개인생활을 하는 것은 제로섬 게임이 아니다. 개별적으로 보더라도 내쉬가 예를 든 각각의 긴장 상황은 우리를 어려운 선택의 기로에 서게 만든다. 그러나 신앙이라는 배경에서 전체적으로 이러한 선택들을 생각해보면 모든 긴장 상황은 사라지게 된다. 그렇게 되면 조직의 리더로서 성공하는데, 우리의 기독교적 기반과 하나님께서 주신 우리의 능력이 얼마나 큰 역할을 하게 되는지 알게 된다. 오랫동안 우리는 사업적인 성공이냐, 신앙인으로서의 원칙을 지키느냐 둘 중의 하나를 선택해야만 한다는 생각에 빠져 이러지도 저러지도 못해왔다.

나는 기업의 리더들이 그들의 기독교적 가치를 사용하여 직업적으로나 개인적으로 성공할 수 있기를 바란다. 나는 이 책에 리더들이 일하고자 하는 열망을 경쟁에 대한 애정과 결합시켜 인류의 발전을 위해

기여할 수 있도록 하는 방법과 리더들이 자신의 가족과 경력 모두에 적절한 관심을 기울일 수 있도록 하는 방법을 제시했다. 하나님께서는 우리가 가정과 직장에서 모두 제대로 된 삶을 충분히 누리면서, 우리의 능력을 최대화하여 하나님의 뜻을 실현함으로써 세상을 더욱 좋은 곳으로 만들도록 하셨다.

겉으로만 보면 리더들에게 알려주는 지침이란 아주 단순하고 간단한 것처럼 보인다.

- 하나님과 가까운 관계를 맺는다.
- 직업적인 성공을 위해 애쓴다.
- 가족과 긴밀한 관계를 유지한다.
- 다른 사람을 대할 때 기독교적 가치를 지킨다.
- 조직의 목표를 달성한다.
- 섬기는 리더십을 발휘한다.
- 사람들의 삶에 변화를 가져다 준다.
- 다른 사람들과 그리스도적인 삶을 나눈다.

이미 출간된 많은 경영관련 자기계발서들도 위와 같은 원칙과 지침을 이야기하고 있다. 이러한 책들로는 스티븐 코비의 『성공하는 사람들의 7가지 습관*Seven Habits of Highly Effective People*』, 블레인 리의 『지도력의 원칙*The Power Principle*』, 밥 버포드의 『4 또 다른 출발점*Half Time*』, 리처드 라이더의 『목적의 힘*The Power of Purpose*』, 케빈 캐시맨의 『내면에서 우러나는 리더십*Leadership from the Inside Out*』이 있다. 이러한 책들은 유능한 리더십에 대한 이론적인 모델을 제시해주고 있다. 그러나 이 책들은 우리의 기독교적 가치의 기준을 매일매일 시험에 들게 하는 일터 속에서 일어나는 상황에 어떻게 대처할지에 대한 구체적인 아이디어나 제안에 대해서는 다루지 않고 있다. 사실 밥 버포드는 그의 저서에서 기독교적 가치에 반하는 결정을 내려야 한다는 것이 유감스럽지만 경력을 쌓는 초반엔 어쩔 수 없이 겪어야 하는 일이라고 밝히고 있는데, 이는 내 생각과는 다르다.(그는 자신의 방송 왕국이 성인전용 영화 채널을 방영해야 할지 결정해야 했던 일이 그런 경우라고 밝혔다.)

『영혼을 움직이는 리더』는 이론을 넘어 유능한 리더십과 신앙을 접목시키는 데 필요한, 실질적이면서도 언제나 적용할 수 있는 조언과 통찰력에 닿아 있다. 이 책은 그 중에서 기독교적 가치가 어떻게 훌륭한 직원을 끌어들이고 그들을 계속 회사에 남아 있도록 할 수 있는 토대를 제공하는지, 어떻게 그리스도적 가치에 기반한 효율적인 조직문화를 만들 것인지, 어떻게 성공적인 비전과 전략 계획을 실행할 것인지, 그래서 직업과 가정생활을 어떻게 성공적으로 병행할 것인지 보여줄 것이다. 또한 주주들의 이익을 위해 5명, 50명, 아니면 500명의 직원들을 정리해고 해야 할지 또는 암투병 중인 배우자를 가진 무능한 직원을 어떻게 처리해야 할지와 같은 특수한 상황에서 결정을 내릴 수 있는 틀을 보여줄 것이다. 연봉을 5만 달러나 더 주겠다는 다른 회사의 스카우트 제의를 받아들여야 할까, 아니면 아직 1년도 근무하지 않은 이 직장에 남아 있어야 할까? 아직은 회사 실적이 좋은 편이지만 앞으로 상황이 나빠질 것 같은데 어떤 결단을 내려야 할까? 가족들과 휴가를 가야 할지, 회사에 일어난 긴급한 상황을 처리해야 할지, 둘 중에 어느 것을 선택해야 할까? 만일 회사 규모가 수십억 달러에 이른다면 한 번 내려진 결정과 그 파문의 영향은 상상을 초월한다. 리더들은 이러한 상황에 매일매일 직면하게 된다. 나이키사가 개발도상국에서 지역별 차등 임금을 적용하기로 한 결정은 윤리적인 논란과 함께 시장에도 영향을 주었다. 엑손모빌은 해저 시추작업을 할 때 전 세계적으로 환경 문제를 일으키지 않으면서 허용 가능한 오염의 정도는 어느 정도인지에 대해 결정을 내려야 했다. 파이어스톤사와 포드사는 제품의 안전 정도와 그러한 문제를 제때에 대중에게 알렸느냐에 대한 문제로 서로 맞붙을 수밖에 없었다. 이러한 문제와 관련된 리더들의 결정은 모두 세계적으로 영향을 미친다.

뒤에 내가 제안할 틀은 지난 18년에 걸쳐 개발되었으며, 내가 7,000만 달러 규모에 고용인 1,200명 이상인 조직의 사장 겸 CEO로서의 경험, 시카고에 있는 여러 로펌에서 변호사로서의 경험, 지방 및 주와 연방에서 정치 컨설턴트로서의 경험, 대학 이사, 《포춘》지 선정 300대 기업과 전국적 규모를 가진 종교적 비영리단체 및 재단 이사로서의 경험 모두에서 비롯된 것이다. 그뿐만 아니라 다른 기독교인들이 나에게 리더십에 대해 가르쳐 준 것들이 큰 도움이 되었다. 이 사람들은 중소기업 운영자들도 있었고 조직 컨설턴트, 《포춘》지 선정 500대 기업의 CEO들, 비영리단체의 단체장들, 유명 대학의 미식 축구팀 감독들, 그리고 미국 의회 지도자들도 있었다. 더욱이 나는 이 책을 위해 공공부문과 민간부문을 아울러 많은 지도자들을 취재했다.

『영혼을 움직이는 리더』의 근본적인 목적은 가정과 직장 모두에서 일상적인 행위를 하는 데 있어서 기독교적 가치를 반영하는 의사 결정

과정에 대한 청사진을 제공하고자 하는 것이다. 앞으로 이어질 내용은 기능에 따라 나뉘어져 있다. 이 책을 통해 섬기는 리더십을 위한 이론적인 틀을 제시하고 유능한 리더들의 경험을 살펴보려고 한다. 또한 리더들이 실제로 겪었던 어려움과 가능한 해결책을 함께 제시하려고 한다. 이 책은 또한 전략을 수립하고 계획해서 시행하거나 건전한 조직문화 창출, 차기 리더 육성, 권한 위임, 직장과 가정생활의 조화와 같이, 전형적으로 리더들이 겪는 상황에 기독교적 가치를 적용할 수 있는 실질적인 지침을 제공하고 있다.

이 세상에 변화를 가져올 수 있는 엄청난 기회는 바로 우리의 직장생활을 통해서 오는 것이다. 일생 동안 우리는 직장에서 8만에서 10만 시간 정도 가장 왕성한 시간을 보내면서 수천의 사람들의 삶에 영향을 준다. 그리고 비록 우리들 대부분이 자발적인 노력을 통해 교회와 가정에서 기독교적 원칙을 열심히 실천하고 있기는 하지만 항상 직장에서 성공하는 것은 아니다. 『영혼을 움직이는 리더』는 직장에서의 꿈을 이루고 동시에 우리 자신과 조직의 목표를 이룩하는 데, 지도자들이 가족과 동료 그리고 교회를 통해서 길러진 기독교적 가치를 적용할 수 있도록 도와주기 위한 책이다. 핵심을 간단히 말하자면, 선하게 행동함으로써 좋은 실적을 올릴 수 있다는 사실을 보여줄 것이다. 이 책, 『영혼을 움직이는 리더』가 독자 여러분에게 소중한 책이 되고 나아가서는 기업 사회의 소중한 자산이 되기를 바라 마지않는다.

1

리더십의 황금률을 따르라

현재와 미래의 리더들은 품질, 성격, 사고방식, 가치, 원칙, 용기를
어떻게 개발할 것인지에 초점을 맞추게 될 것이다.

프랜시스 헤셀바인 Francis Hesselbein

EXECUTIVE VALUES

수없이 많은 책이 리더십이라는 주제로 쓰여졌다. 그러나, 누군가에게 리더가 되는 방법을 가르친다는 것은 불가능한 일이다. 전부는 아니라 할지라도 대부분의 유능한 리더들이 갖는 성격은 내면으로부터 나오는 것이다. 그렇다고 해서 리더십이라는 주제를 무시해도 된다는 의미는 아니다. 오히려 우리의 리더십 기술을 향상시키기 위해서는 우리 자신의 내면을 살펴보는 것이 필수불가결하다.

큰 권한을 가진 직업을 가졌거나 사장, 이사, 매니저와 같은 직함을 가지고 있다고 해서 우리가 리더가 되는 것은 아니다. 유능한 리더십도 카리스마나 물리적인 힘, 교육이나 경험으로 만들어지는 것은 아니다. 이런 자질들은 모두 특정한 상황에서는 유용할 수 있지만 이것이 리더를 만드는 것은 아니다. 피터 드러커Peter Drucker는 "리더란 추종자가 있는 사람이다."라고 리더를 정의했다. 우리는 스스로에게 이런 질문을 해보자. 어떻게 추종자를 만들 것인가? 기독교인으로서 우리의 대답은, 진정한 리더십이란 우리의 기독교적 가치와 조직의 사명을 완수함으로써 가치를 창출해내겠다는 깊은 열망과 결합된 진실성을 통해서 이뤄진다는 것을 이해하는 데서 시작한다.

리더십의 황금률

우리는, "남에게 대접을 받고자 하는 대로, 너희도 남을 대접하여라."(마태 7:12)라는 황금률을 배웠다. 이 규칙은 단순히 이어져 내려오는 최신 경영 기법 중 가장 최신 기법이라고 할 수는 없다. 하지만 그리스도의 시대로부터 이어져 내려온 사업의 원칙으로 미국의 최고경영학 대학원에서 계속해서 지도해온 원칙이다. 다이버시파이드 제약Diversified Pharmaceutical Services의 전 CEO 겸 사장인 브래드 휴잇Brad Hewitt은 황금률을 따르는 것이 장기적으로 조직을 성공하게 만드는 방법이라는 사실을 하버드대학 경영대학원 재학시절에 깨달았다고 한다. 소위 몇몇 실용적인 금융 모델을 배운 것 말고는 휴잇은 이 황금률이 하버드 재학시절 동안 배운 가장 중요한 기법이라고 말한다.

리더십의 황금률은 직원들에게는 개인적인 성장을 제공하고 조직에는 지속적인 성장을 가져오기 때문에 그 의미가 있다. 그것은 사랑,

정직, 존경, 정의의 복음들을 일상적인 의사 결정 과정과 행동에 결합시켜 준다. 리더십의 황금률이 오랫동안 통용되는 이유는 자기중심적이 아니라 타자지향적이며, 사람을 소모품으로 여기지 않고 오히려 능력을 키워주며, 사람들로 하여금 자신이나 세계는 변하지 않는다고 생각하게 해주기보다는 새로운 가능성에 대한 비전을 보도록 해주고, 자신이 가지고 있는 가치에 따라 결정을 내릴 수 있도록 하며, 다른 사람의 신념을 바꾸도록 종용하지 않으면서 조직 내의 모든 구성원이 내면의 가치를 표현할 수 있게 해주기 때문이다. 한가지 경고하자면 리더로서 우리가 황금률을 고수하는 이유는 세속적인 성공을 위한 것이 아니다. 황금률을 지켜야 하는 이유는 바로 하나님께서 지키라고 지시하셨기 때문이다. 그러나 이 책은 하나님의 뜻을 따르는 것 외에 리더십의 황금률은 조직이 탁월한 실적을 이루게 하면서도 개인적으로 의미있는 삶을 가져다 줄 근본적인 원칙들도 제공한다는 사실을 보여준다. 리더십의 황금률을 따르게 되면 우리 신앙의 빛이 시장에서도 빛나게할 뿐 아니라 '독실한 기독교인은 모두 사회주의자이다'라고 한 하버드 신학자 폴 틸리히의 주장을 반박할 수도 있을 것이다.

만일 조직의 장기적 이익을 위해 최선의 일을 하고자 한다면 일관되게 황금률을 적용하는 것이 필요하다. 이 원칙은 주변의 사람들을 지도하고 개발해주면서 직장생활과 개인생활의 균형을 유지시켜준다. 리더십의 황금률을 따르게 되면 어떻게 조직의 목표와 개인적 목표를 달성하는 틀을 만들어 나갈 수 있는지, 이 책은 자료와 실제 이야기를 통해 보여줄 것이다.

진정한 리더가 되려면 바로 당신의 내면에서부터 시작해야 한다.

저명한 작가이자 비즈니스 컨설턴트인 켄 블랜차드Ken Blanchard는, 많은 사업 경영자들이 조직에 새로운 경영 기술이나 리더십 스타일을 적용해서 훌륭한 경영을 하겠다고 말했다가도 일상적인 사업 운영에서 곤경에 처하게 되면 너무도 빨리 기존 방식으로 돌아가 버린다는 사실을 경력 초기에 경험했다. 후에 그는 이것이 근본적으로 성격의 문제라는 사실을 인식하게 되었다. 사람들이 자신의 행동양식을 변경하려면 먼저 내면부터 변화시켜야 한다. 그리고 이는 마음의 변화를 필요로 한다.

이 책을 읽는 사람들은 각자 리더십을 가지고 있는데 적당한 마음의 개발 정도가 모두 다를 것이다. 우리는 올바른 마음을 가지고 있다는 것이 어떤 것인지 직관적으로 이해할 수 있다. 그러나 올바른 마음을 가진다는 것은 평생에 걸친 수행이다. 리더십은 목적지가 아니라 여정이며 머리로 아는 지식이 아니라 가슴으로 느끼는 지식인 것이다. 직업적으로나 개인적으로 하나님을 기쁘게 하는 삶을 산다는 것은 24시간 의식적으로 평생 노력해야만 하는 일이다. 이는 체계적이면서도 성공적으로 조직생활에 가치관을 융합시킬 수 있는 리더십의 틀을 개발하고자 하는 의지인 것이다. 내면으로부터 발현되는 진정한 리더십이란 우리 구세주와 깊은 관계를 맺고 지속적으로 대화를 나눌 때에 얻을 수 있는 결과이다. 나는 성서를 가까이하고 정기적으로 성경 공부를 하면서 주위의 건전한 친구들이나 멘토들과 가까이 지내면서 주님과의 관계가 더욱 강해지고 나 자신이 힘을 얻게 됨을 느꼈다. 리더십을 가지기 위한 올바른 마음을 개발하는 데 도움이 될 훌륭한 자료들이 많이 있다. 리처드 라이더의 『목적의 힘』과 케빈 캐시맨의 『내면에서 우러나는 리더십』이 특히 많은 도움이 된다. 또 다른 자료로는 진 윌크스의 『마음을 움직이는 리더십*Jesus on Leadership*』와 켄 블랜차드의 『성서 기반 리더십*Leadership by the Book*』이 있다.

조직생활과 사생활에서 가치를 창조하려는 열망을 가진 진정한 리더가 되려는 기독교인은 자연히 이러한 활동에 기독교인으로서의 원칙을 적용하려고 한다. 많은 사람들이 단편적으로 이러한 원칙들을 적용해왔다. 그러나 필요한 것은 기독교적 가치관을 적용할 수 있는 포괄적인 체계이다.

영혼을 움직이는 리더의 특징

리더는 하나님이 지시하신 바와 기독교적 원칙을 따라 살면서 항상 내가 다른 사람들의 능력을 키워주고 있는가, 아니면 단순히 주변 사람들을 이용해 나만 크려고 하는가를 항상 자문해봐야 한다. 기독교 중심의 리더십 아래에서 사람은 목표를 이루기 위한 수단이 아니다. 오히려 사람이 바로 목표이다. 사람이 가장 중요한 것이다. 사람을 진정으로 중시하는 리더들은 공동의 조직 목표를 이루는 데 있어 다른 사람을 파트너로 생각한다. 그러면 그리스도 중심의 영혼을 움직이는 리더들의 특징은 무엇일까?

영혼을 움직이는 리더는 섬기는 리더다

영혼을 움직이는 리더는 무엇보다도 첫째 '섬기는 리더'이다. 섬기는 리더십을 이해한다는 것은 예수님의 말씀을 이해하는 데서 시작한다. "너희 사이에서 위대하게 되고자 하는 사람은 누구든지 너희를 섬기는 사람이 되어야 하고, 너희 가운데서 으뜸이 되고자 하는 사람은 너희의 종이 되어야 한다. 인자는 섬김을 받으러 온 것이 아니라 섬기러 왔으며, 많은 사람을 위하여 자기 목숨을 대속물로 내주러 왔다." (마태 20:26-28)

이와 같은 사실을 리더십 체계에 융합하고자 하는 기독교인 리더는 누구든지 자기 자신과 하나님과의 관계를 공고히 하는 것부터 시작해야 한다. 먼저 하나님께 순종하지 않고서는 그 누구도 섬기는 리더가 될 수 없다. 즉 하나님과 다른 사람들을 섬기기 위해 자신의 권리와 욕망을 억제해야 하는 것이다. 이 말은 매우 단순 명료하게 보이지만 실제로 실행을 하려고 하면 하나님께 복종하기로 맘먹기까지는 심각한 선택의 기로에 서게 된다. 예를 들면 어떤 일을 수행하는데 나보다 다른 사람이 그 일에 더 맞다면 그 사람에게 지휘권을 넘기는 것을 의미할 수 있다. 이런 일들은 매일 관심과 주의를 필요로 한다.

우리가 만나는 모든 사람들, 고객, 동료, 가족, 지역 공동체 모두를 진심으로 대하기, 다른 사람들의 실수를 나의 것으로 받아들이기, 책임감을 발휘할 수 있는 환경 만들기, 지역공동체 구성원 모두가 필요로 하는 것을 생각하기, 성서적 원칙을 기반으로 가치 체계 구축하기, 다른 사람들이 마음 깊숙이 간직하고 있는 가치를 지킬 수 있는 자유를 보장하는 환경 만들기 등은 바로 그리스도께서 주신 섬기는 리더십 철학이 우리에게 요구하고 있는 행동들이다.

이 책 전체를 통해서 나타나겠지만 황금률을 따르는 섬기는 리더가 된다는 것은 우리가 성서를 기반으로 한 의사결정 체계를 갖도록 해서 상당한 실적을 올리고, 의미 있으면서도 균형 잡힌 그리스도 중심의 삶으로 이끌어주는 것이다.

섬기는 리더십 없이는 어떤 리더십 스타일도 소용이 없다. 블랜차드, 하이벨스Hybels, 호지스Hodges는 지성, 감성, 행동에서 즉 머리, 마음, 손에 있어서 모두 섬기는 리더가 된다는 것이 중요하다는 사실을 이야기했다. 이 말은, 첫째 진정한 리더십은 꾸밀 수 없으며, 둘째 하나님이 우리를 창조하신 그대로 우리 전부를 포함해야만 한다는 것이다. 섬기는 리더십이란 가정에서나 일터에서 그리고 지역공동체에서 우리의 생활방식과 완전히 통합된 것이어야 한다. 섬기는 리더십이 무엇인지 이해하는 데 도움이 될 만한 책으로는 로버트 그린리프의 『리더는 머슴이다Servance Leadership』, 로리 베스 존스의 『최고경영자 예수Jesus, CEO』, 맥스 드프리의 『리더십은 예술이다Leadership Is an Art』와 『리더십 재즈Leadership Jazz』, 제임스 C. 헌터의 『서번트 리더십The Servant』이 있다.

그러나 리더십이란 원맨쇼가 아니다. 섬기는 리더십이 조직에서 영향력을 가지려면 리더 주위의 사람들도 이 리더십을 받아들여야만 한다. 이를 위해서 지도자는 역할모델이 되어야만 한다. 예를 들어 리더인 당신에게 직원들이 늦게까지 일하지 않도록 하는 것이 중요하다면 당신 자신이 이 행동의 모범을 보여야만 한다. 메드트로닉Medtronic사의 CEO 빌 조지는 출장중일 때를 제외하고는 가족과 시간을 보내기 위해 5시면 퇴근한다고 한다. 그는 퇴근 후 8시 반까지 가족과 시간을 보내다가 서재로 돌아와 남은 업무를 처리하곤 하는데 그 시간 이후에는 아무도 그를 방해하지 않았다. 조지는 메드트로닉사의 조직문화를 확립한 그 가치관을 스스로 실천하는 모범을 보였던 것이다.

섬기는 리더십의 훌륭한 예들도 있으나 불건전하면서 피해를 주기까지 하는 리더십 스타일의 예도 매우 많다. 최근 비행기 여행 중 나는 《포춘》지 선정 500대 기업의 고위 간부 옆에 앉게 되었다. 그는 자신이 속한 회사의 부사장이 주최한 간부회의에 참석하고 돌아가는 길이었다. 나를 어깨너머로 살펴보다가 내가 경영에 관한 책을 쓰고 있다는 사실을 발견하고는 그는 회의에서 있었던 일을 이야기해 주었다. 그 회의를 주최한 부사장은 회사의 전용기로 회의가 열리는 도시로 날아와서는 (다른 사람들은 모두 이코노미 클래스를 타도록 지시받았다), 한 무리의 수행원들과 함께 리무진으로 호텔까지 와서 스위트룸에서 묵었다는 것이다. 그 회의에 참석했던 다른 사람들은 모두 호텔까지 셔틀버스를 타고 왔고 묵은 방도 모두 일반 객실이었다. 그 다음날 이 부사장은 간부들에게 일시적인 경기불황 중의 비용 절감의 중요성에 대해 격려의 말을 했다고 한다. 말할 필요도 없이 그날 참석자들은 이 말을 새겨듣지 않았다. 부사장의 말은 마치 부사장의 사치스러운 씀씀이를 유지하기 위해 비용을 절약해야 한다는 말로 들렸다고 한다. 이래서 어디 존경을 받을 수 있겠는가? 그 부사장이 비용 절감을 독려하면서 립서비스를 할 정도로 영리하게 처신하기는 했으나 그의 실제 행동에서 그의 진심은 다르다는 사실이 아주 명백하게 나타났던 것이다.

직원들에게 상당한 희생을 요구하면서 자신은 조직을 위해 봉사하지 않는 상사는 존경받기 힘들다.

영혼을 움직이는 리더는 신뢰할 수 있는 리더이다

　그리스도 중심의 섬기는 리더로서 봉사하게 되면 신뢰는 자연스럽게 따라오게 된다. 그렇지만 신뢰를 얻기 위해서는 또다른 노력이 필요하다. 신뢰는 오랜 시간 동안 쌓여진 결과에서 오는 보답이며 열린 마음과 성실함의 결과이다. 펜실베이니아 주립대학 와튼 경영대학원의 리더십변화센터 소장 마이클 어심Michael Useem은 "신뢰란 하겠다고 약속한 것을 실행하고 그에 대한 결과를 얻어냄으로써 축적된 산물"이라고 설명한다. 신뢰란 성실하고 진실되게 행동하고자 전력을 다하고 직원이나 고객들에게 한 약속을 지키는 데서 오는 것이다. 여기에는 실질적인 혜택도 따르게 된다. 신뢰로 인해 직원이나 고객, 납품업자들의 충성도가 높아지며 생산성 향상으로 비용 효율이 높아지고 투자자들의 충성도도 높아지는 결실을 얻게 된다. 비영리 기관의 리더들이 신뢰할 수 있는 리더십을 발휘한다면 일에 참여하는 참여자들이 보다 적극적으로 헌신하게 되고 기부자들이나 자금 지원을 하는 곳에서 보다 많은 지원을 얻을 수 있는 가능성이 증가하게 될 것이다.

　리더가 직접적으로 영향을 미칠 수 있는 범위에는 직속 부하직원들이 포함된다. 직속 부하직원들에게 좋은 역할모델이 됨으로써 그들과 신뢰의 유대를 강화하고, 직속 부하직원들이 그들에게 보고하는 부하 직원과 역시 유사한 신뢰 관계를 맺도록 장려하는 기업문화가 형성하게 된다. 이런 노력의 파급효과는 전체 조직을 변화시킬 것이다.

신뢰는 또한 기독교인 리더 우리 자신에게도 직접적인 혜택을 가져온다. 우선 우리의 메시지를 다른 사람들에게 전할 수 있게 하는 권리를 가져온다. 둘째는 업무가 보다 효율적이 된다. 프랜시스 후쿠야마 Francis Fukuyama가 지적하였듯이 한 회사에서 함께 일하는 사람들이 모두 공통된 윤리적 규칙에 따라 일하면서 서로를 신뢰한다면 운영 비용이 절약된다. 셋째로 중요한 직원들이 힘들 때나 좋을 때나 우리와 우리 조직에 계속 충성스러운 태도를 유지할 수 있도록 한다. 넷째는 공동의 목적의식을 만드는 데 도움이 되어 그 결과 조직의 운영에 중요한 결정을 할 수 있도록 다른 사람들에게 힘을 주게 된다. 다섯째, 중간관리자들이 유사한 가치관을 가진 직원을 뽑을 수 있도록 힘을 실어주게 된다. 여섯째, 자리를 비운 동안 무슨 일이 일어날지 걱정할 필요 없이 휴가를 마음 놓고 떠날 수 있게 해준다. 마지막으로는 우리가 직원들을 대하는 방식으로 직원들이 우리 고객들을 대할 것이라는 확신을 준다.

신뢰란 양방향으로 흐르는 것이다. 만일 우리 직원들에게 전적으로 정직한 태도를 기대한다면 우리 자신, 지도자들 역시 엄격하게 정직성을 유지해야 한다. 섬기는 지도자가 된다는 것에는 공개적으로 우리의 실수를 인정하는 부분이 포함된다. CEO로서 나는 이사회나 주주총회, 직원들과의 회의에서 인사말을 할 때 성공에 관한 실례뿐 아니라 우리의 기준을 지키지 않았을 때의 결과도 꼭 이야기한다. 그렇기 때문에 고지식한 사람으로 불리기도 하지만 신뢰할 수 있는 리더라는 명성도 함께 얻을 수 있었다.

영혼을 움직이는 리더는
같은 가치를 지닌 사람을 고용한다

같은 가치를 지니고 있는 사람을 고용하게 되면 섬기는 리더십의 원칙이 전체 조직에서 수용될 수 있도록 하는 메커니즘이 생기게 된다. 지도자만 제대로 된 길을 걷고, 제대로 된 말을 하는 것이 아니라 조직 전체가 그렇게 하게 되는 것이다. 직원이 아무리 재능이 있더라도 조직에 해로운 스타일을 가진 직원을 고용하거나 계속 두고 보는 것은 조직에 하등의 도움이 되지 않는다. 도덕성이 무너질 것이며 생산성은 추락하고 훌륭한 직원들이 오히려 조직을 떠나게 될 것이다. 아마 거의 모든 사람들이 자신이 속한 조직에서 이런 사람을 보았을 것이다. 엄청난 재능을 가진 사람, 업무에 필요한 모든 기술을 다 가졌지만 다른 사람들과 원만하게 지내지 못하고 효율적으로 함께 일하는 방법을 모르는 사람 말이다. 이런 사람이 조직에 있게 되면 팀워크란 불가능하며 회의는 늘 언성만 높아지고 오히려 좋은 사람들이 조직을 떠나게 된다.

리더로서 우리는 이런 개인들과 함께 일해야 할 의무가 있다. 그들이 자신의 약점을 이해하고 이를 극복하여 사생활에서나 직장생활에서 성장할 수 있도록 도와야 하는 의무가 있다. 나는 직원들을 미국경영협회에서 주최하는 교육과정에 참가시켰고, 그와 접촉한 모든 사람에게서 정직한 의견을 얻을 수 있도록 고안된 평가 도구인 360도 다면 평가 방법을 사용했으며, 리더십 코치를 붙여 주었고, 상당한 시간을 들여 그들의 행동이 우리 조직에 미치는 영향에 대해 이야기를 나누었다. 어떤 직원들은 긍정적인 반응을 보였다. 그렇지만 어떤 때는 조직에 부정적인 스타일을 가지고 있는 직원이 변화할 능력이 없거나 의지를 보이지 않아 조직에서 떠나게 할 수밖에 없었다. 누군가를 떠나게 한다는 것은 언제나 어려운 일이다. 그럼에도 불구하고 가끔 그렇게 해야만 할 때가 있다. 한 대형 제조업체의 사장이 언젠가 나에게 영업담당 부사장 이야기를 해준 적이 있다. 그녀는 능력이 매우 뛰어난 사람이었지만 전투적인 경영스타일을 가지고 있었다고 한다. 그녀는 5년간 근무했는데 그 사이 회사 규모를 두 배로 키웠다. 이런 성공 때문에 그 사장은 그녀를 떠나게 할 수 없었다고 한다. 그렇지만 지금에서 되돌아 보니 좀더 일찍 그녀를 떠나게 했다면 회사의 규모는 4배로 커질 수 있었을 것이라는 생각이 든다고 한다. 그녀의 성격이 전체 조직문화에 영향을 미쳐 생산성과 효율성이 감소되었기 때문이다.

같은 가치를 지니고 있는 사람들로 이루어진 조직이 가지는 장점 때문에 코드가 맞지 않는다는 이유로 직원을 떠나보내는 것은 윤리적인 문제를 야기시킨다. 그런 일이 기독교인으로서 해도 되는 일일까? 나의 경험에 의하면 특정한 상황에서는 가능하다는 것이다. 조직에 해를 끼치는 직원을 떠나보내는 것은 궁극적으로는 조직의 다른 직원들의 삶에 바람직한 결과를 가져오는 결정이 되는 것이다. 그리고 그런 사람을 떠나 보내는 것은 또한 대부분 그들에게 득이 되는 일이기도

하다. 때때로 그런 결단의 조치로 인해 그 직원은 자신을 진지하게 돌아보게 되며 이로 인해 자신의 삶과 일의 질을 향상시킬 수 있게 될 것이기 때문이다. 나와 함께 일했던 한 고위 간부는 자신을 회사에서 떠나보낸 것에 대한 감사의 편지를 장장 3장이나 써서 보낸 적이 있었다. 그는 그 일로 인해서 자신의 삶을 다시 돌아보게 되었고, 존재하고 있다고 생각했던 문제들이 사실상은 존재하지 않는다는 사실을 개인 상담을 통해서 인식하게 되었다고 전했다. 이제 그는 새로운 일을 시작했고 직장생활과 개인생활 속에 변화된 자신을 융합시키기 위해 계속 노력하고 있다고 한다. 이 사람은 자신의 소명을 깨달은 것이다. 내가 그를 내보내지 않았다면 이런 일은 결코 일어나지 못했을 것이다. 만일 리더가 조직에 장기적인 가치를 더하려는 목표에 집중하고 문제가 있는 개개인을 진정으로 염려한다면 리더는 올바른 결정을 하게 될 것이다. 제6부에서도 자세하게 언급하겠지만 결정을 내린다는 것에는 우리가 동정심을 가지고 결정을 해야 한다는 책임을 가지고 있다는 의미가 있다.

영혼을 움직이는 리더는 홍보에 관심을 기울인다

종종 간과되는 섬기는 리더십 전략의 또 다른 측면은 홍보에 대해 적극적이어야 한다는 것이다. 조직의 목표를 성취하는 데 있어서, 홍보와 마케팅 부서는 섬기는 리더십의 영향력을 증폭시킬 수 있는 부서이다. 홍보회사 버슨 마스텔라Burson-Marsteller사에서 최근 실시한 설문

조사를 보면, 회사에 대한 평판 중의 40퍼센트는 다른 사람들, 즉 투자자, 기부자, 납품업자, 고객 및 회사의 직원들이 CEO를 어떻게 생각하는가에 근거하고 있다는 결과가 나왔다. 기술 및 분석시스템 전문사인 배리안Varian사의 CEO 앨 라우어는 이 점을 아주 정확하게 지적한 바 있다. "주주, 직원, 고객은 평판이라는 세발의자의 다리와 같다. CEO는 각각의 집단에서 신뢰를 쌓아야만 한다." 또한 "CEO의 평판이란 복잡한 관계를 단순화하기 위해 사용하는 브랜드화 작업의 일부이다. CEO는 조직의 평판과 관련된 가치들을 구체화하는 경향이 있다."라고 제프리 소넨펠드는 지적한다. 이러한 과정을 잘 이해하고 실천한 경영자로는 사우스웨스트 항공Southwest Airlines에서 오랫동안 CEO로 재직하였으며 현 회장인 허브 켈러허Herb Kelleher가 있다. 대외적으로 알려진 그의 인물됨은 항공사 조직문화에 매우 좋은 영향을 미쳤다. 이와 유사하게 실수를 인정하는 것도 역시 훌륭한 홍보가 될 수 있다. 예를 들어, 현재 고객 서비스가 기대에 미치지 못한다는 점을 관련자들에게 인정하고 이 문제를 해결하기 위해 어떤 조치를 취해야 할지에 대한 정보를 공유하는 것이다.

많은 리더들은 홍보의 힘을 인정한다. 그러나 섬기는 리더십에서 홍보가 갖는 의미에는 거의 관심을 기울이지 않고 있다. 홍보에 무관심하다는 것은 결국 섬기는 리더십과 호도된 겸손함을 동일시 하는 결과를 가져오며, 조직의 가치를 긍정적으로 대중에게 홍보함으로써 얻을 수 있는 혜택을 무시하는 결과가 된다. 진정 훌륭한 성격의 소유자이고 직원들을 소중히 여기는 리더 중에 이를 대내적으로나 대외적으로 효과적으로 보여주지 못하는 경우가 많다. 예를 한 가지 들어보면,

나의 전임자는 대형 사회사업 기관의 CEO로서 정말 재능 있는 사람이었다. 16년간 그는 보잘 것 없고 쓰러지기 일보 직전에 있던 기관을 매일 6,000명 이상의 사람들에게 필요한 서비스를 제공하는 3,000만 달러 규모의 기관으로 성장시켰다. 그러나 관련자들 즉 기부자, 고객, 직원들이 그를 항상 좋게만 보는 것이 아니라는 사실을 알게 됐다. 그는 거만하고 쌀쌀하고 자기중심적인 사람으로 오해받고 있었다. 이 기관의 관련자들은 조직이 추구하는 사명을 믿고 실천하기는 했지만, 조직에 가치를 더하기 위해서 헌신하지는 않았다. 이 훌륭한 인물에 대한 호도된 대외적인 이미지로 인해 우리는 가지고 있는 잠재력을 충분히 발휘할 수 없었다. 이 인물을 알고 있던 사람들에게는, 그리고 그를 나의 멘토라고 생각하고 있던 나에게는, 그에 대한 부정적인 이미지가 진실과는 전혀 거리가 먼 것이었다. 그러나 좋던 나쁘던 그 이미지는 현실이었고 우리 조직은 결과적으로 피해를 입었다.

CEO로 취임하였을 때 나는 즉시 우리 조직의 이러한 이미지를 바꾸기 위한 계획을 세우기 시작했다. 그 계획은 우리 조직에 관련된 모든 사람들이 나, 즉 새로 온 CEO를 어떻게 보느냐에서 시작해야 한다는 것을 나는 알고 있었다. 내가 취임했을 당시 우리 조직은 매년 100만 달러 이상의 적자를 보고 있었다. 이런 하강 곡선을 그리는 상황에서 나는 홍보 예산에 20만 달러를 증액하였다. 또한 사람들의 희망사항과 우려는 뭔지 듣기 위해 주요 관련자과 50명의 중역들을 일일이 방문하였다. 홍보부 직원들은 나를 미디어 전면에 내세우기 시작했다. 지역 신문 기명 논평란에 나의 글을 싣고 라디오와 텔레비전 인터뷰를 주선했다. 우리는 또한 유명 인사들이 우리 조직이 하고 있는 일에 참

여하도록 하였다. 사람들은 유명 인사들과 관련지어 우리를 보기 시작
했다. 참여했던 인사들로는 당시 텍사스 주지사였던 조지 W. 부시, 하
원 공화당 원내총무 톰 딜레이, 텍사스 주립대학 미식축구팀 전 코치
존 매코비치, 방송인 필리스 조지, 가수 윌리 넬슨과 지역 방송국 뉴스
앵커들이 있었다. 이러한 유명인사와의 연합으로 우리는 필요한 유명
세와 대외적 노출을 얻을 수 있었다. 물론 우리가 지속적으로 훌륭한
품질의 제품을 제공하지 못했다면 이런 홍보의 노력도 소용이 없었을
것이다. 좋은 의도를 가지고 있는 것만으로는 충분하지 않다. 결과가
문제인 것이다. 그랬기 때문에 홍보 전략과 동시에 우리의 리더십 팀
은 계획을 진행하는 동안 지속적으로 품질을 유지할 수 있는 시스템을
만들겠다는 의지를 새로이 다졌다. 이런 모든 조치들을 바탕으로 우리
는 품질유지 작업을 체계적, 객관적으로 측정할 수 있는 문화를 만들
어냈다.

　우리의 노력이 결실을 가져왔을까? 대대적인 홍보를 한 1년 뒤, 한
농장 경영자에게서 전화를 받았다. 그는 석유 산업에서도 상당한 실적
을 올리고 있던 사람으로 우리가 계속해서 그를 주요 기부자로 유치하
려고 노력했지만 성공하지 못했던 사람이었다. 그는 우연히 차 안에서
나의 라디오 인터뷰를 들었다고 하면서 "당신이 요즘 아주 잘 하고 있
는 것처럼 들리더군, 언제 내 사무실에 한번 오지 않겠소."라고 제안
하였다. 이와 같은 기회로 인해서 우리의 연간 기부액은 200만 달러에
서 500만 달러로 늘어나게 되었다. 다른 일들도 일어나기 시작했다.
관련자들을 대상으로 한 설문조사에서 우리 조직에 대한 평판이 높아
졌음을 알게 되었고, 텍사스주에서 가난하고 학대받는 어린이들을 위

한 프로그램을 개발해 달라는 요청을 받았으며, 부시 주지사와 참모진들이 대통령 선거 유세 웹사이트와 연설에서 우리 조직을 성공적인 모델로 치켜세웠던 것이다. 더욱이 가장 중요한 사건은 우리가 돌보는 사람들이 6,000명에서 8,000명으로 늘어나게 된 것이다. 우리가 시행했던 모든 조치들이 성공한 데에는 이유가 있다. 조직의 최고 위치에 있는 사람으로서 나의 사적, 공적 행동이 우리 홍보팀이 선전했던 나의 성격과 일치했기 때문이며, 중역들이 모두 같은 가치를 공유했고, 동시에 우리가 최고의 서비스를 제공하였기 때문이다. 이 모든 것을 통해서 나는 섬기는 리더로서, 그 리더의 평판이 정말로 중요하다는 사실을 알게 되었다. 섬기는 리더십이란 우리 마음속에서 자라도록 해야 하는 것인 동시에 우리의 행동과 홍보 전략에서도 나타나야 하는 것이다.

영혼을 움직이는 리더는 모든 사람을 리더로 만든다

효과적인 리더십에서 매우 중요한 측면 중 하나는 조직 내의 모든 구성원을 리더로 만드는 것이 중요하다는 점이다. 제너럴 일렉트릭 General Electric사에서 오랫동안 CEO로 재직했던 잭 웰치Jack Welch는 어떤 일의 정답을 알고 있는 사람은 바로 실제로 그 일을 하는 사람이라는 사실을 깨달았다. 그는 "90년 동안 우리는 우리보다 훨씬 더 신속하고 효과적으로 일하는 방법을 알고 있는 사람들에게 필요한 설비를 지시하고 이들을 관리해왔다."라고 말했다. 그러나 실상은 직원들이 경영상의 결정을 하는 데 참여할 수 있도록 하는 조직은 거의 없다. 직원들을 의사결정 과정에 참여시키는 조치가 더 나은 성과를 가져온다는 것을 보여주는 결과가 엄청나게 많음에도 불구하고 실제로 이러한 조치를 취하고 있는 회사가 거의 없다는 사실은 실로 놀라운 일이다. 조직의 모든 사람들을 리더로 만드는 그리스도 중심의 리더는, 자신이 모든 답을 알고 있는 것은 아니며 평범한 직원들의 말도 들어야 하고 그들이 하고 있는 일에 영향을 주는 회사의 정책과 재정상황에 대한 적절하면서도 이해 가능한 정보를 제공해야 한다는 태도를 가져야만 한다.

어떤 CEO들은 이런 조치를 취하는 것이 통제력을 포기하는 것으로 비쳐질까 두려워하기도 한다. 그러나 실제로 그러한 조치를 취하는 것은 통제력을 포기하는 것이 아니라 현명하게 배분하는 것이다. 웰치의 표현을 빌자면, 관건은 "문제를 해결할 수 있는 사람에게 문제를 해결하도록 하는 것이다. 그들이 거리상으로 어디에 있든지, 서열상으로 어디에 있든지 상관없이 말이다." 우리는 모든 직원이 가치와 목적을 갖고 있다는 사실을 직관적으로 이해해야만 한다. 사도 바울은 "어떤 일을 하든지 겸손한 마음으로 하고, 서로 자기보다 남을 낮게 여기십시오. 또한 여러분은 자기 일만 돌보지 말고, 서로 다른 사람들의 일도 돌보아 주십시오."(빌립보 2:3~4)라고 말하고 있다. 나는 책상 위에 테이프로 붙여놓은 '오늘 다른 사람들에게 무엇을 배웠는가' 라는 문구를 매일 읽으며 이 사실을 되새긴다.

회사에 긍정적인 영향을 미칠 수 있는 참여적인 직원들을 만들기 위해 어떻게 시간을 들일 것인지와 관련된 실제 예를 이야기해 보겠다. 어느 최고급 스테이크 레스토랑에 있었던 일이다. 스테이크가 너무 많이 구워졌다며 고객들이 스테이크를 주방으로 되돌려 보내는 일이 빈번하다는 사실을 지배인이 발견했다. 이렇게 되면 되돌려진 스테이크는 버려지고 다시 새로 요리해야만 했다. 지배인은 선택을 해야 했다. 그는 주방 직원들을 사무실로 불러 미디엄과 미디엄웰 사이의 차이점을 구분하지 못하는 데 대해 꾸짖거나 아니면 한 번에 제대로 요리를 만드는 것이 얼마나 중요한지 충분히 설명하고 그들로 하여금 해결책을 찾아보도록 할 수도 있었다. 그 지배인은 후자를 선택했다. 그는 주방 직원을 불러 모으고 차트에 레스토랑의 손님 1인당 평균단가(20.45달러)를 적고 여기에서 일일 고객당 간접비(6.10달러), 인건비(5.95달러), 곁들임 요리(1.45달러)를 뺐다. 그 결과 남은 돈은 6.95달러였다. 평균적인 스테이크의 원가는 6.15달러인데 모든 일이 한번에 제대로 이뤄지면 20.45달러를 지불하는 고객당 80센트의 수익을 레스토랑은 얻게 되는 것이다. 만일 고객이 스테이크를 거절해서 다시 새로 요리해야 하는 경우에는 레스토랑은 5.35달러의 손해를 입게 된다. 이렇게 되면 버려진 스테이크로 입은 손해를 메꾸기 위해 레스토랑은 7명의 손님을 더 받아야만 한다. 지배인은 직원들에게 레스토랑이 계속해서 운영되고 직원들에게 정기적으로 봉급 인상을 해주려면 수익을 내야만 한다는 사실을 주지시켰다. 직원들은 레스토랑의 이윤 마진이 얼마나 적은지에 대해 듣고는 모두 놀랐다. 그들은 자신들이 힘들게 일해서 레스토랑 주인만 쉽게 부자로 만들어 주고 있다는 생각을 갖고 일했던 것이다. 지배인의 설명을 듣고 직원들은 어떻게 하면 고객이 만족할 수 있게 스테이크를 요리할 수 있을지에 대해 생산적인 대화를 나누었고 많은 아이디어를 생각해냈다. 대책들 중에는 웨이터들이 고객에게 스테이크 요리 시간의 미묘한 차이에 대해서 자세히 설명하겠다는 약속도 있었고, 주방 직원들은 스테이크를 고객이 원하는 대로 요리하기 위해 음식을 요리하는 시간을 보다 정확히 측정하겠다는 이야기도 있었다. 처음으로 직원들은 자신들이 한 실수로 인해 파생된 재정적인 문제들을 완전히 이해하고 이를 고치기 위해 노력하려는 의지를 가지게 되었다.

모든 사람을 리더로 만드는 리더는 조직문화 내에서 투명성을 창출해내기 위해 끊임없이 노력해야만 한다. 투명성이란 상명하달 방식을 버리고 대신 개방과 신뢰의 분위기를 창출해내는 것이다. 즉 조직내의 모든 목소리들이 존중될 수 있는 문화와 기회를 만드는 것을 의미한다. 또한 고객, 직원, 주주들과 모든 관련 정보를 공유함으로써 조직에 연관된 모든 사람들이 신용할 수 있고 충분한 정보에 기초한 결정을 내릴 수 있게 하는 것을 의미한다. 이러한 것들이 모두 섬기는 리더가 되는 중요 요소이다.

조직 내에 비밀이란 없으며 모든 사람들이 우리의 재정과 관련된 정보와 목표에 언제든 접근할 수 있고 이해할 수 있어야 한다는 철학을 가지고 나는 일해왔다. 가장 훌륭하고 영민한 직원들을 유치하고 그들을 계속 조직에 남아있도록 하기 위해서는 모든 사람이 리더가 되고 가치를 창출할 수 있도록 하는 조직문화를 개발하는 것이 필수불가결하다. 이런 문화를 개발하기 위해 나는 직원들이 자신의 직장생활과 개인생활의 균형을 맞출 수 있도록 도와주고, 개인적으로나 영적으로 성장할 수 있는 기회를 제공하고, 직원들이 스스로 한 행동과 결정에 책임을 지도록 하였으며, 직원들이 자신의 삶의 목적이 무엇이며 이 목적을 달성하기 위해 조직 내에서의 역할이 어떠해야 할 것인가를 이해할 수 있도록 도왔다. 그 보답으로 얻은 것은 충성스러운 동료들과 우리 조직의 목표와 비전을 공유하겠다는 그들의 다짐이었다. 이러한 전략은 이 책의 뒷부분에서 더욱 자세하게 다뤄지게 될 것이다.

조직의 관행을 환경에 적응시켜라

　오늘날 기업이나 조직의 리더가 된다는 것은 무한한 도전을 향한 임무를 맡는 것이라는 데 의문의 여지가 없다. 지난 십 년간 신경제, 외부 시장 환경의 변화, 추가적인 테러리스트 공격의 위험성, 높아진 고객의 수준과 직원의 기대수준에 대한 화젯거리들이 연이어 우리를 강타했다. 그 결과 우리의 조직세계는 완전히 전복되었다. 오늘날의 회사들은 즉각적인 변화에 적응해야만 한다는 사실을 배우고 있으며 5개년 경영전략 계획에 따라서 회사를 운영하는 것은 훗차 잎으로 점을 치는 것만큼이나 비효율적인 일이라는 사실을 인식하고 있다. 회사 경영진들은 또한 성급하게 즉각적인 성과를 요구하는 이사회로부터의 압박도 느끼고 있다. 주주들 또한 지속적인 성장을 요구하고 있으며 자신들의 기대를 95퍼센트 정도밖에 달성하지 못했다는 이유로 회사를 매우 심하게 몰아붙이기도 한다.

리더십 전문가인 톰 피터스Tom Peters는 최근의 《패스트 컴퍼니Fast Company》에 '리더십은 지독히도 헷갈린다' 라는 제목의 글을 기고하였다. 이 글에서 그는 오늘날 기업체들의 불안한 상황을 유머러스하게 조명하고 있으며 향후 5년간 리더들에게 얼마나 많은 놀라운 일이 벌어질지에 대해서 이야기하고 있다. 그는 "상황은 점점 이상하고 힘들고 더욱 불안하게만 변해갈 것이다."라고 전망한다.

그러나 이런 불확실성의 시대에도 기독교인 리더에게는 독특한 이점이 있다. 21세기에 살아남을 뿐만 아니라 더욱 발전하려면 조직의 리더들이 새로운 사업방식과 경쟁방식을 배워야 한다. 오늘날 기업 환경에서 리더에게 요구되는 것은 무엇일까? 지금까지 내가 찾아낸 가장 정확하고도 도움이 되는 답은 바로 로널드 하이페츠Ronald Heifetz가 '적응 도전' 이라고 명명한 것이다. 하이페츠는 리더가 새로운 경영환경에서 성공하기 위해 조직의 관행을 환경에 적응시키려면 조직을 어떻게 편성해야 할지에 대해 이야기하고 있다. 그러나 하이페츠에 의하면 적응력이 있다는 것은 두 가지 이유에서 매우 어려운 과제이다. 첫째, 우리 개개인은 리더십 스타일을 바꿔야만 한다. 우리는 이제 더 이상 해결책을 제공해달라는 요청을 받는 것이 아니라 문제를 해결하기 위해 모든 직급과 모든 분야의 직원들의 지성을 모아 활용해달라는 요청을 받게 될 것이기 때문이다. 둘째, 변화에 적응하는 것이 조직의 리더에게도 어려운 일인 동시에 직원들에게는 더욱 어려운 일이라는 사실을 이해해야 한다.

적응해야만 하는 상황에 있는 리더는 이 난국 위에 서서 도전이 무엇인지 명확하게 파악해야 한다. 리더는 외부의 자극에 흔들려서는 안

된다. 또한 리더는 가장 효과적으로 일을 수행할 수 있는 직원들에게 일을 시키고 조직 제일 아래에서부터 나온 목소리를 듣고 보호해야만 한다.

몇 년 전, 나는 적응 리더십이 필요한 상황에 처한 적이 있었다. 그 당시 나는 겨우 35살이었고 하이페츠의 글을 읽은 적도 없고 정식 경영 수업을 받은 적도 없었다. 혼자서 어떻게든 해야만 하는 상황이었다. 3,000만 달러 규모의 조직이 1년에 100만 달러를 조정하기 위해 허덕이고 있었고 은행 잔고는 200만 달러나 마이너스였으며 대출한도는 꽉 차서 돈을 빌릴 수도 없게 되었다. 시장 상황은 악화일로였다. 우리 프로그램의 일부는 구식이 되어버렸고 어떤 프로그램은 전혀 수익성이 없게 되었다. 우리는 포괄적인 예산 계획을 세웠고 이로 인해 프로그램 관리자나 시설 관리자들이 최종 제품에 관여하지 않는(어떤 경우에는 최종 제품이 무엇인지도 모르는 경우도 있다) 시스템을 만들었다. 그때까지 우리 조직문화는 위험을 감수하기를 꺼려하고 예스맨(또는 예스우먼)만 환영하는 문화였다. 뒤에서 남 험담도 많이 하고 경영진 사이에도 신뢰가 거의 없었다.

3년간 많은 노력과 불면의 밤을 지새고 난 후, 우리는 드디어 화합된 경영진을 구성하게 되었고, 우리 조직이 어디로 가야 할지에 대한 분명한 전략을 세웠으며, 하의상달식으로 개발된 운영 계획, 2배 규모의 예산, 100만 달러 이상의 연평균 자금 잔고를 기록하게 되었다. 사실 우리 조직의 사명과 목적으로 인해 우리가 진행하는 서른 개의 프로그램 중 3분의 2는 돈을 벌어들이지 못하고 쓰기만 하는 프로그램이었다.

그럼 우리가 어떻게 이 문제들을 해결했을까? 하이페츠는 아마도 우리의 가치와 목적에 따라 문제에 성공적으로 대처하는 조직적, 문화적 역량을 키웠기 때문이라고 말할 것이다. 그 말이 맞다. 한걸음 물러서서 직면한 도전이 무엇인지 파악하고, 스트레스를 관리하며, 중심을 잃지 않고, 현명하게 권한을 배분하고, 조직의 모든 계급으로부터 들려오는 목소리를 들음으로써 우리는 우리 조직을 180도 변화시킬 수 있었던 것이다. 우리는, 섬기는 리더십 원칙에 따라 조직 아래에서부터 위까지 직원들을 융합시키고 직원을 소중히 하는 건강한 문화를 만드는 건전한 기독교인 리더십 전략을 따랐다. 우리가 무엇을 잘할 수 있는지 파악하고, 오늘날 시장이 요구하는 전문성 수준에 못 미치는 프로그램은 과감하게 버리면서 무엇보다도 품질 좋은 서비스와 제품을 강조하는 포괄적이면서도 실현 가능한 전략 계획을 세웠다. 직원들의 제안과 우려하는 바를 경청했고 모두가 책임감을 가지도록 요구했다. 즉 우리 모두 리더가 된 것이다.

우리가 서로 공유한 가치관으로 인해 우리는 직면한 도전에 적응할 수 있었다. 우리 리더십 팀에 기독교인이 있다고 해서 의사결정이 더 쉬워지지는 않았다. 1년에 100만 달러씩 적자를 보는 것은 아무리 종교적 신념이 있어도 끔찍한 일이다. 그러나 우리가 공유하는 공통의 가치와 신념 체계는 우리의 전략 수립과 조직문화에 주입되어 어려운 의사결정을 내리는 데 기준이 될 수 있는 틀을 제공해 주었다.

모든 사람들이 이런 새로운 문화에 긍정적인 반응을 보인 것은 아니었다. 일부는 스스로 조직을 떠났으며 또 일부는 그들의 가치가 조직의 가치와 양립할 수 없다는 사실이 명백해지면 조직이 그들에게 떠나기를 요구하기도 하였다. 그러나 남기로 결정한 사람들은 같은 생각을 가진 리더들을 열렬히 환영하는 끈끈한 가족과 같은 조직에 섞이게 되었다. 물론 우리가 기존에 하던 프로그램을 폐지하고 직원들을 정리하는 것은 기독교 조직의 사명에 위배되는 것이라는 생각을 가지고 있는 지원자들로부터 비판을 받기도 하였다. 그러나 결국 우리는 우리가 봉사해야 하는 사회에 장기적인 가치를 더해야 하는 우리의 첫 번째 책무를 결코 저버리지 않았다. 이것이 사업적으로나 봉사의 측면에서나 모두 훌륭한 일인 것이다.

리더십은 끔찍할 정도로 헷갈리는 것이 아니야

이 시점에서 톰 피터스의 말에 동의하지 않는다는 이야기를 해야만 하겠다. 리더십이란 헷갈리거나 답답하거나 외롭거나 심지어는 적응 도전의 한가운데에 있어야만 하는 것은 아니다. 기독교인 신앙의 틀 안에서 체계적으로 리더십이 수행된다면 사업에서도 좋은 성과를 가져올 뿐 아니라 보람되고 즐겁기까지 한 것이다. 게다가 보너스까지 있다. 가족들과의 뜻 깊은 시간까지 보낼 수 있게 된다. 그리스도 중심의 리더가 된다는 것은 사회에 가치를 더해주며 직장에서나 가정에서나 우리 주변에 있는 사람들의 삶도 더욱 풍성하고 의미 깊게 해준다.

리더십이란 본질적으로 아주 단순한 문제이다. 리더는 역할모델이 되고, 다른 사람들이 그들 자신이 가진 것보다 더 위대한 목표를 추구할 수 있는 비전을 제시하고, 다른 이들을 돌보고, 의견을 듣고, 멘토로서 지도해주고, 그 결과를 보상으로 받는다. 이런 일들을 하려면 우리가 가진 가장 강력한 무기로 우리 자신의 진실성과 성실함을 개발해야만 한다.

미 하원의 공화당 원내총무인 톰 딜레이는 "우리가 일을 잘할 수 있는 기반을 마련해 주는 것은 바로 우리가 가진 기독교 신앙의 원칙과 가치들이다."라고 말한 바 있다. 우리는 또한 가치 중심의 철학과 일치하고 우리 조직에 장기적인 가치를 더할 수 있도록 해주는 틀을 마련해야 할 필요가 있다. 리더십에 관한 나의 철학은 전혀 헷갈리는 것이 아니다. 핵심적인 황금률만 지킨다면 리더십이란 꽤 단순한 것이며 공동의 비전과 목표를 이룰 수 있도록 조직 내에 기독교적 가치를 심을 수 있게 해준다.

섬기는 리더가 되는 여정

진정한 섬기는 리더가 되는 여정에서 물어봐야 할 마지막 질문이 두 가지 남았다. 첫째, 내가 조직을 떠나야 할 때가 되었음을 나는 알고 있는가? 둘째, 내가 조직에 남아있는 것보다 떠나면 내 조직이 더 잘 될 것이라는 것을 나는 확신하는가?

첫 번째 질문은 두 번째 질문보다 훨씬 더 어렵다. 조직을 떠나야 할 때를 결정한다는 것은 분별력과 솔직한 자기 성찰이 필요한 일이기 때문이다. 조직에 남을 것이냐 아니면 떠날 것이냐 하는 결정은 자신의 이익이나 편의에 따라 해서는 안 되는 결정이다. 재정적인 안정성이나 막내가 언제 대학을 졸업할 것인가와 같은 개인적인 문제에 따라서 결정해서는 안 되는 것이다.

조직을 언제 떠날 것인가를 알려면 또 다른 두 가지 질문에 대해 정직하게 답할 수 있어야 한다. 첫째, 내가 계속해서 조직에 가치를 더해

52 ● 영혼을 움직이는 리더

주고 있는가? 둘째, 내가 여전히 이 직책에 가장 합당한 사람인가? 만일 두 질문 중 하나라도 '아니오'라고 답했다면 리더는 이제 자신의 인생에서 다음 장으로 움직여야 할 때가 된 것이다. 이렇게 할 때에만 그는 한 개인으로서 진실하게 남을 수 있게 되는 것이다. 사실 이 질문에 답을 하는 과정은 속도 뒤틀리고 마음도 몹시 상하는 일이다. 고통스러운 자기 성찰의 과정을 기꺼이 견디고 친구, 적수, 지도자, 동료나 배우자의 의견도 받아들일 마음의 자세가 돼 있어야만 하는 일이기도 하다. 내 자신의 이익보다도 다른 사람의 이익을 먼저 생각해야만 하고 어떤 때에는 변화의 과정에 적절히 대응하기 위해서 2~3년 전에 미리 이 질문에 대한 대답들을 예상할 수 있어야 하는 경우도 있다.

지난 한해 동안 위의 두 가지 질문에 대한 대답을 생각해봤을 때, 나는 첫 번째 질문에 대한 대답이 '그렇다'라는 생각이 들었다. 나는 진정으로 내가 속한 조직에 계속해서 가치를 더하고 있다고 생각했다. 그렇지만 두 번째 질문에 대한 나의 대답은 '아니오' 쪽으로 기울고 있었다. 기도와 묵상을 한 결과 나는 2~3년 후면 다른 사람이 이 조직을 이끄는 것이 더 나을 것이라는 결론에 도달하게 되었다. 나는 믿을 수 있는 동료들과 이사회 임원들과 변화의 과정에 가장 효과적으로 준비하기 위한 계획을 세우기 시작했다. 이사회와 나는 COO(최고운영책임자)가 나의 자리를 승계하기 위한 자격을 가장 잘 갖추고 있으며 어떤 면에 있어서는 나보다 더 많은 재능을 가지고 있다는 것을 발견했다. 그렇지만 다른 면에서는 아직도 리더로서 필수불가결한 경험이 여전히 부족했다. 우리는 조용히 우리 조직 외부에서 후보가 될만한 사람들을 물색하는 동시에 COO에게 후계자 수업을 받도록 하였다. 훈련기간 동안 우리는 그를 미국경영협회의 최고경영자 과정을 수강하도록 하였다. 과정을 마치고 돌아오면서 그는 360도 다면평가 방법을 실시하겠다고 제안했고 나도 동의하였다. 나는 그에게 평가 결과를 나에게 알려줄 필요는 없다고 말했다. 그렇지만 우리가 나눴던 상호 신뢰와 품성 중심의 관계로 인해 그는 평가 결과를 나에게 알려주었다. 그로 인해 우리는 그의 경영 기술을 향상시키기 위한 훈련 프로그램을 고안해 내는 데 함께 노력하게 되었다.

나는 이 변화 과정이 끝나갈 무렵이면 CEO로서 필요한 모든 자격을 갖추고 나보다 더 나은 CEO가 될 가능성을 가진 리더의 손에 이 조직을 맡기고 떠날 수 있으리라고 확신한다. 내가 있을 때보다 내가 떠났을 때 조직이 더 강해질 수 있도록 하려는 나의 목표를 이룰 수 있게 되는 것이다. 나 없이도 잘 돌아갈 수 있는 조직을 떠나는 것이 진정 어려운 일일까? 그렇다. 생각해보면 내가 CEO로서 재직했던 기간 동안 한 가장 중요한 업적은 바로 변화의 과정을 준비한 것이다. 왜냐하면 이 조직이 앞으로도 오랫동안 계속 강한 조직으로 남을 수 있다고 확신하기 때문이다.

성공적인 리더의 성격

제자들을 세상에 파견하기 전 예수께서는 이렇게 권고하셨다. "보아라, 내가 너희를 떠나보내는 것이 마치 양을 이리떼 가운데로 보내는 것과 같다. 그러므로 너희는 뱀과 같이 슬기롭고, 비둘기와 같이 순진하게 되어라."(마태 10:16) 이 말씀은 성공적인 리더의 성격을 모두 종합한 것이다. 이 말씀은 현실주의로 단련된 이상주의, 통찰력이 가미된 원칙, 기민함이 접목된 성실함, 즉 리더에게 필요한 자질의 가치를 아주 정확하게 나타내고 있다. 다음 장에서는 오랫동안 조직을 이끌어 온 사람들, 즉 리더십의 황금률을 지킨 사람들, 그리고 조직에서 지속적인 변화와 가치를 추구했던 사람들에 대한 이야기와 리더십의 가장 좋은 실례들을 살펴보겠다.

조직을 이끈다는 것은 흔들리지 않는 신앙심과 매일 새로운 가능성과 장래성이 필요한 일이다. 오랫동안 위대한 리더들과 그렇지 않은 리더들을 가르는 기준은 조직과 커리어, 그리고 삶을 끊임없이 개혁할 수 있는 능력이었다. 효과적이고 성공적인 리더십에서 오는 성과는 조직의 성장이나 상품이나 서비스의 품질, 고객과 직원들의 삶에 조직이 가져다주는 변화 등을 보면 확실히 측정할 수 있다. 보이지는 않지만 가장 보람된 성과는 하나님이 주신 능력을 최대한 발휘함으로써 만족감을 얻을 수 있고 밤에 푹 잘 수 있다는 것이다.

효과적인 조직문화를 만들라

그러므로 너희는 무엇이든지,
남에게 대접을 받고자 하는 대로, 너희도 남을 대접하여라.
마태복음 7:12

EXECUTIVE VALUES

오늘날의 경쟁세계에서 직원을 소중히 하지 않는 조직은 한마디로 오래 가지 않는다. 리더란 조직의 장기적 목표를 달성하는 동시에 직원들이 소중하게 대접받는 조직문화를 단호하면서도 체계적으로 설계해나가야 할 책임을 진 사람이다. 그러한 문화를 만들어 나가려면, 훌륭한 직원들을 고용하고 유지하며, 활기차면서도 가치중심의 조직 사회를 만들어 나가고, 직원들이 자신들은 더 위대한 목적을 이루기 위해 쓰여지고 있다는 사실을 알고 직원들의 이익이 조직의 이익과 함께할 수 있는 체계를 만들어 내야만 한다. 다시 말하지만, 가장 중요한 것은 리더십의 황금률을 지켜야 한다는 것이다. 예수께서는 가르침을 통해 어떤 조직에든 오랫동안 지속되는 가치를 더할 수 있는 전략을 알려주신다.

CHAPTER 1

노동 시장의 변화

오늘날 능력 있는 직원을 유지하는 것은 겨우 5년 전과 비교하더라도 훨씬 어려워졌다. 이런 상황이 된 이유는 세 가지로 모아진다. 첫째, 수십 년간 사람들은 황금률을 등한시하는 조직들을 경험해왔기 때문이다. 그들은 회사가 직원들에게 몸과 마음을 모두 바치라고 요구하지만 회사는 직원들에게 그렇게 하지 않는다는 사실을 알게 되었다. 이로 인해 직원들은 조직에 충성심이 적어지고, 자주 직장을 옮기고, 경계심은 많아지면서, 요구사항은 많아지게 되었다. 오늘날의 노동자들은 박탈감 때문에 회사가 평생직장을 약속할 수 없다면 이를 보상하기 위해서 다른 요구를 하겠다는 의지를 공공연히 드러낸다. 둘째, 노동시장이 변화하고 있다. 좋은 직원을 찾고 유지하는 것이 더욱 어려워졌을 뿐만 아니라 경제의 세계화로 세계가 더욱 좁아져 회사는 직원들에게 더 능숙하고 더 많은 기술을 보유하며 더 높은 실적을 달성하기를 요구하게 되었다. 그 결과 이렇게 지극히 까다로운 조건을 만족하는 직원을 찾는다는 것이 더더욱 어렵게 되었다. 셋째, 신세대들이 등장한 것이다. 이들은 자신의 경력관리에 대해서는 열심이지만 이전의 직원들보다 불안정하고 오랫동안 한 회사에 남아 있으려 하지 않는다. 이런 세 가지 현실로 인해서 노소를 불문하고 회사가 아니라 자기 자신을 위해 일하는 노동자들이 생겨나게 되었다. 한 가지 좋은 소식은 오늘날의 노동자들도 충성스러울 수 있다는 점이다. 그렇지만 조직은 그 충성심을 얻기 위해 노력해야만 한다.

오늘날의 시장에서 살아 남기 위해서는 조직도 변해야만 한다는 사실을 조직도 인식하게 되었다. 내가 20년 전 시카고의 한 법률 회사에서 풋내기 변호사로서 직장생활을 시작했을 때의 조직문화는, 직원들에게는 많은 것을 요구하면서 회사는 직원들에게 거의 신경을 쓰지 않았다. 보수적인 기준을 따르고 시간외 근무나 상관이 시킨 것은 무슨 일이든 해야 하는 것이 암묵적인 규칙이었다. 그 보상으로 적당한 보수를 받게 되고(물론 시간당 임금으로 계산하면 결코 적당한 보수가 아니지만), 운이 좋다면 7년 후 하급 파트너 변호사로 승진된다. 만일 승진을 하지 못한다면 퇴직을 권고받게 된다. 오늘날에도 이런 상황에 거의 변화가 없다는 사실을 듣게 된다면 아마 매우 놀랄 것이다. 그러나 당시의 변호사들에 대한 기대치는 오늘날의 변호사들에 대한 것보다는 적었다. 그리고 그들은 이러한 업무 환경을 당시 직장문화의 일부로 받아들였다.

이제 서기 2000년으로 와보자. 업계 최고의 월스트리트 법률 투자 회사들은 하룻밤 사이에 문화를 완전히 바꿔야만 했다. 닷컴 시장으로 직원들이 이탈하는 심각한 상황에 직면하게 된 월스트리트의 회사들은 대박을 찾는 말단 직원들로부터 강요된 문화적 변화를 도입해야만 했다. 모건스탠리Morgan Stanley사의 회장 필립 J. 퍼셀Philip J. Purcell은 연례 주주총회에서 이를 아주 명료하게 표현했다. "우리는 직장에서 정장을 입는 최고의 지성을 회사로 유치할 수 없다." 바로 그날 살로몬 스미스 바니Salomon Smith Barney, Inc.사는 하급 애널리스트에게 급료를 인상해 주었을 뿐 아니라 노트북 컴퓨터, 스포츠센터 회원권, 야식비 인상, 중개수수료 할인까지 제공했다. 만일 이런 유서 깊은 기업들이 오늘날의 문화현상에 발맞춰 완전히 조직문화를 변화시킬 수 있었다면 여러분의 조직도 그렇게 됐을 것이다. 그러나 이런 회사들이 알아차리지 못한 것이 있다면 장기적인 안목에서 봤을 때 직원들을 돈으로 살 수 없다는 것이다. 앞으로도 이야기하겠지만 직원들은 회사가 자신들을 소중하게 여기고, 그들의 일이 의미 있으며, 리더십의 황금률의 원칙에 따라 대접받을 때에만 조직에 충성을 바치고 더욱 생산적으로 일하게 되는 것이다.

오늘날의 직원들은 유급 자원봉사자

오늘날의 리더들은 직원이라는 개념을 재정립해야 할 필요가 있다. 전통적으로 많은 조직들은 직원을 단지 사용하거나 소모되는 물품, 즉 인력 자원으로만 여겨왔다. 직원들은 출근해서 일을 하고 월급을 받고 퇴근한다. 그리고 만일 이 직원이 할당량을 채우지 못하면 이 자리를 얻기 위해 기다리고 있는, 줄을 선 열 명 이상의 사람들에게 이 일을 넘겼다. 하지만 더 이상 이런 일은 없다. 오늘날의 사회에서는 직원들이 운전대를 잡고 있는 것이다. 그들에게 힘이 주어졌으며 선택을 하는 쪽은 직원들이 된 것이다. 하루 24시간 언제라도 인터넷에 접속해서 어느 나라 어느 도시에 일자리가 있는지, 봉급은 얼마인지를 알아볼 수 있다. 영리 추구 기업인 팀버랜드Timberland Company의 사장 겸 CEO 제프리 슈워츠Jeffrey Swartz는 비영리 기관의 리더들을 대상으로 한 연설에서 자신의 회사 직원들에 대해 다음과 같은 날카로운 지적을 했다.

여러분 박물관의 안내원과 마찬가지로, 여러분 기관에서 우편물을 부치는 자원봉사자들과 마찬가지로, 또 자신의 시간을 여러분과 함께 보내기로 한 열정적인 사람들과 마찬가지로 팀버랜드에는 유급 자원 봉사자들이 있습니다. 그 사람들은 팀버랜드에서 시간을 보낼 수도 있고 다른 곳으로 가기를 원한다면 바로 그곳으로 갈 수도 있습니다. 그들은 권한을 가지고 있고 도덕적인 선택을 할 수 있는 기회도 가지고 있습니다.

많은 리더들은 슈워츠가 한 이야기, 즉 직원들이 선택을 할 수 있는 권한과 기회를 가지고 있는 틀림없는 유급 자원봉사자라는 말의 심각성을 완전히 이해하지 못했다. 그러나 많은 리더들이 직원들을 위해 의미 있고 인간적인 조직문화를 만드는 것을 최우선시하지 않는 것이 현실이다. 리더들은 변화를 만들려고 애쓰고, 아이디어를 실행에 옮기며, 고객에게 봉사하고, 더 좋은 제품을 개발하고, 돈을 벌고, 권력을 얻을 수도 있을 것이다. 그러나 무엇보다도 지금 이 순간 리더에게 가장 중요한 것은 직원들을 위해 효과적인 문화를 창출하는 것이다. 황금률의 원칙 하에 직원들을 위한 문화를 창출하는 것은 가장 어려우면서도 가장 중요한 일이 될 것이다. 리더로서 우리는 자문해봐야 한다. 조직의 성공을 위해 조직문화에 어떻게 투자할 것인가? 대답은 간단하다. 리더십의 황금률이다. 즉 고용 계약은 상호적인 것이라는 생각을 받아들여야 한다. 리더로서 우리는 우리 직원들에게 능력을 기대할 권리를 가지고 있다. 그렇지만 우리가 직원들에게 거는 기대는 우리가 직원들에게 부여한 진정한 가치와도 균형을 이루어야 한다. 만일 저울의 한쪽이 기운다면 무엇인가 잘못된 것이다.

황금률을 적용하기 위해서는 직원들에게 필요한 것이 무엇인지 면밀히 조사해야 한다. 우리 직원들은 자신들이 가진 목표보다 더 위대한 목적을 위해 일하고 있다고 생각하는가? 직원들이 공정한 대우를 받고 있다고 느끼는가? 조직이 직원들의 아이디어와 꿈을 진정으로 경청하고 있는가? 직원들의 가족에게 불상사가 생겼을 때 조직은 어떤 방법으로 그들에게 도움을 줄 것인가? 직원들이 조직 내에 친한 친구가 있는가? 직원들은 우리가 그들 개인의 성공을 위해서도 장기에 걸쳐 투자하고 있다는 사실을 알고 있는가? 최근의 연구에 의하면 대부분의 회사들은 이러한 질문에 제대로 답하지 못하였다. 허드슨 연구소Hudson Institute와 워커 정보Walker Information사는 3,000명의 노동자를 대상으로 설문조사를 실시하였다. 이 중 56퍼센트는 회사가 그들에게 어떤 관심도 보이지 않는다고 응답하였고, 45퍼센트는 공정한 대우를 받지 못한다고 응답하였다. 41퍼센트는 회사가 그들을 신뢰하는 것 같지 않다고 응답하였다. 요약하자면 조직들은 황금률을 따르지 않았다는 것이다. 단지 24퍼센트의 응답자만이 재직하고 있는 회사에 진심으로 충성하고 있다고 대답했다는 것도 놀랄만한 일은 아니다.

다른 관련 연구로는 회사 고용 관행을 측정하는 공제 컨설팅 회사인 왓슨 와이어트 월드와이드Watson Wyatt Worldwide에서 실시한 연구가 있다. 그 연구에 의하면 의사소통, 성실성, 평등하고 유연한 직장문화 구현과 같은 분야에서 최고의 업무 관행을 가지고 있는 회사들이 1999년 상반기에 28퍼센트의 주주 이익을 실현했다.

이런 점들을 잘 수행하지 못하는 회사들을 개선하는 데 오직 한가지 정답이란 있을 수 없다. 그러나 황금률의 원칙을 잘 지키면 성공적인 전략을 도출해낼 수 있는 몇 가지 철학적인 원칙을 얻을 수 있다. 제2부의 나머지 부분에서는 직원과의 관계에 황금률을 적용하는 동시에 조직의 요구도 수용하는 효과적인 그리스도 중심의 조직문화를 구축하는 데 초점을 맞추도록 하겠다.

CHAPTER 2

대의명분을 세운다

　원대한 대의명분을 세우는 것은 조직에 있어서 최우선 과제이다. 오스트리아의 정신과 의사인 빅터 프랭클은 "성공이란 행복과 마찬가지로 추구될 수 있는 것이 아니다. 성공이란, 어떤 사람이 자신의 목표보다 더 위대한 대의명분을 위해 헌신함으로써 뜻하지 않은 결과가 일어나는 것처럼 그냥 일어나는 것임에 틀림없다."라고 말했다. 우리들 대부분은 월급봉투 때문에 일해야만 하고 얼마나 많은 돈을 버느냐를 중요하게 생각한다. 그러나 경험에서 보면 우리가 단지 돈 이상의 것을 위해서 일하고 있다고 생각할 때 더 열심히 일하게 된다는 것을 알수 있다. 지금까지 내가 가장 오래 일했던 때는 마이클 듀카키스 주지사의 대통령 선거전에서 일했을 때였다. 이때 이전 급여보다 훨씬 적은 급여를 받았지만 일주일 내내 휴일이 없어도 기쁘게 일했다. 이렇게 할 수 있었던 이유는 나는 후보에 대한 믿음이 있었고 세상을 변화시킬 수 있는 우리 모두의 가능성을 믿었기 때문이다. 이와 마찬가지로 나는 밤 9시라도 호텔방에서 기꺼이 이 책을 쓸 수 있다. 왜냐하면 내가 이 책을 씀으로써 다른 누군가의 삶에 변화를 가져올 수 있다는 희망이 있기 때문이다.

우리의 직원들 또한 자신들의 직장생활에 있어서 단순히 월급봉투에 대한 욕망을 넘어서는 그 어떤 목적을 갈구하고 있다. 조직의 가치관과 비전을 분명하게 정의하는 데서 목적을 추구하는 조직문화는 시작될 수 있다. 그 다음 단계는 직원의 삶에 의미를 줄 수 있는 대의명분을 만드는 것이다. 더 나은 세상 만들기, 지역공동체의 보건 향상, 최고의 고객 서비스 제공이나 동료들의 삶의 질 향상과 같이 회사의 이익보다 더 원대한 목표를 제시했을 때 회사는 직원들에게 동기부여를 할 수 있다. 직원들은 자신의 열정과 일치하지 않는 회사의 목표보다는 이러한 목표들을 더욱 중요하게 생각하기 때문이다. AT&T사의 전 교육 담당 간부인 앨버트 슈는 "추구하는 가치관에 따라 행동하지 않고 대의명분에 따라 운영되지 않는 회사는 영혼이나 희망이 없는 사람과 다름없다."라고 말했다.

톰 피터스는 이에 대해 다음과 같이 설명한다.

만일 사람들이 정말로 일에 신경쓰기를 원한다면 그들이 관심을 가질 수 있는 대의명분을 만들어 여기에 참여하도록 해야 한다. 지금까지 그 누구도 보지 못했던 놀라운 개인용 컴퓨터를 만들어 역사에 길이 기록될 개발팀의 일원이 된다든지(애플사의 매킨토시), 고객충성도가 너무 높아서 전설처럼 전해진다든지(노드스트롬 백화점), 아주 세밀한 전략을 실행해서 거만한 도전자들이 공개적으로 고개를 숙이게 만든다든지(홈디포), 이와 같은 대의명분 말이다. 사람들은 대의명분에 따라 움직인다. 대의명분을 위해서는 불가능한 일도 해낸다. 그러나 비즈니스를 위해서라면 그저 일할 뿐이다. 당신의 대의명분은 무엇인가?

머크 제약회사Merck Pharmaceutical는 회사의 대의명분을 대외적으로 명시하였다. '우리는 인간의 삶을 보호하고 향상시키는 사업을 하고 있다. 우리가 하는 모든 행동은 이 목적을 달성하는 것인지 아닌지에 따라 평가되어야 한다.' 머크사는 성공적으로 인간의 삶을 보호하고 향상시키는 문화를 건설하는 것과 흑자를 내는 것 사이에 직접적인 연관이 있다는 사실을 아주 정확하게 이해하고 있는 것이다. 머크사의 리더들은 그들이 전자를 훌륭하게 성취할 수 있다면 후자는 자연스럽게 따라올 것이라는 것을 알고 있다.

다음은 이를 이해하지 못한 회사의 이야기이다. 1984년 벨 시스템Bell System이 분할되기 직전의 모기업인 AT&T의 직원들은 매일 출근해야 할 명분이 있었다. 도시와 농촌, 부자와 가난한 자를 불문하고 전국에 전화 서비스를 제공하고 세계 최고의 통신시스템을 조국에 제공하는 리더가 되는 것이 바로 그들의 목적이었다. 이로 인해 유능한 직원들을 채용하고 유지할 수 있었으며 투자자들도 유치할 수 있었다. AT&T의 전 전략연구원 데이비드 아이젠버그는 분할 이후에 AT&T에 부임한 CEO중 어느 누구도 회사의 새로운 목표가 무엇인지를 이야기하지 않았다고 지적한다. "일하러 와야 할 명분이 더 이상 존재하지 않게 된 후 아무도 조직문화를 돌보지 않았습니다."라고 아이젠버그가 밝혔다. 그 결과 유능한 직원들은 썰물처럼 회사를 떠났고 남아 있는 직원들에게는 더 이상 일할 목적이 남아 있지 않았다. 고객들 또한 이 회사가 어떤 회사인지 이해하지 못했으며 투자자들도 AT&T의 주식을 사야 할 이유가 없어지게 되었다.

나는 한때 관리자들이 비열한 놈이 되도록 어떻게 가르쳤는지 떠벌이며 자랑하던 출판사의 CEO를 알고 있었다. 또 일전의 보도를 보면 다임러 크라이슬러Daimler-Chrysler 또한 직원들을 진정으로 염려하는 것이 장기적인 성공을 보장하는 유일한 방법이라는 사실을 이해하지 못하는 것으로 보인다. 프랑스 스트라스부르에서 열린 자동차업계 회의에서 다임러 크라이슬러의 최고위 간부인 에크하트 코즈는 연설 중 미국에서 회사의 실적을 향상시키기 위한 관건은 전통적인 경영스타일, 즉 강하고 직선적이며 무자비한 경영스타일을 시행하는 것이라고 역설했다. 나라면 이러한 경영 철학을 실행하는 조직에서는 일하지 않을 것이다. 이런 회사의 고객이 되고 싶은 마음도 없고 이런 회사에 투자하지도 않을 것이다.

이러한 예와는 대조적으로 찰스 슈왑Charles Schwab사는 다른 노선을 택했다. 단기적 이익을 극대화하기보다는 고객과 직원의 요구에 부응하는 데 초점을 맞추었다. 슈왑사가 만든 조직문화는, 고객들에게 세계에서 가장 실용적이고 윤리적인 금융 서비스를 제공하는 것이 그들의 임무라는 사명에 기반을 두고 있었던 것이다. 슈왑의 사장 겸 공동 CEO인 데이비드 포트럭David Pottruck은 슈왑이 조직문화를 강조하는 이유를 네 가지로 정리했다.

- 조직문화는 사람들에게 변하지 않는 어떤 것을 가르쳐준다.
- 조직문화는 협력의 기반을 구축한다. 어디로 움직여야 할지 한 방향을 제시한다.
- 조직문화는 누가 우리 편이고 누가 아닌지를 구분하는 필터 역할을 한다.
- 조직문화는 회사의 가치관을 고객에게 전달하는 데 도움이 된다.

슈왑은 그러한 조직문화를 회사에 주입하는 것의 중요성을 일찍이 파악하고 1999년의 어느 토요일, 600만 달러의 비용을 들여 5,000명의 직원을 샌프란시스코에 집결시키고 전 세계에 퍼져있는 8,000명의 직원은 위성통신으로 연결하여 슈왑이 회사의 가치관과 철학에 대해 논의하는 것을 듣도록 하였다. 이런 인상적인 노력의 성과로 직원 감소율이 13퍼센트에서 11퍼센트로 떨어졌다. 회사가 직원 1퍼센트 감소당 발생하는 손해를 1,500만 달러로 추정한 것을 고려해볼 때 회사가 이룬 성과는 괄목할 만한 것이었다. 실제로 슈왑은 직원들에게 600만 달러를 투자해서 3,000만 달러를 절약할 수 있었던 것이다. 이는 헌신도가 높은 직원을 보유한 회사들이 훨씬 많은 주주 이익을 실현하고 있다는 왓슨 와이어트 월드와이드의 연구 결과를 증명하는 예이다.

리더십의 황금률을 중심으로 한 조직문화를 창출해낸 회사에 대한 예를 한 가지 더 들어 보겠다. 트리벤트 파이낸셜Thrivent Financial은 《포춘》지 선정 300대 기업에 속하는 금융 서비스 회사이다. 주 고객층은 240만 루터교 신도들과 그 가족들이며 자산은 약 570억 달러에 달한다. 트리벤트는 이익의 일부를 루터 교회와 루터파 조직뿐 아니라 고객들에게 돌려준다는 점에서 아주 독특한 조직이다. 조직으로서의 트리벤트의 목적은 루터교 신도들이 신앙과 가치관, 그리고 금융을 연결시킬 수 있도록 돕는 일이다. 이 목적으로 인해 노스웨스턴 뮤츄얼 Northwestern Mutual, 메릴린치나 찰스 슈왑과 같은 경쟁자들이 있는 금융계에서 틈새를 찾을 수 있었던 것이다.

2000년 초반 트리벤트(당시에는 루터 브라더후드)는 공동작업을 통해 다음과 같은 새로운 가치 선언문을 공표했다. '회원 우선주의' '다른 사람들을 존경과 존엄성을 가지고 대한다' '약속을 준수한다' '진실하게 행동한다' 그리고 '다른 사람에게 진심에서 우러나는 관심을 보인다' 이 회사는 이 선언문을 가정과 사무실 곳곳에 붙여두고 직원용 인터넷에도 공간을 만들어 직원들이 이러한 가치들을 어떻게 본받고 있는지 간증할 수 있도록 하였다. 직원들은 또한 이 가치 선언과 대치되는 회사의 특정한 정책이나 관행에 대해 이 사이트에서 논의할 수 있었다.

트리벤트는 회사의 가치관이 살아 움직이려면 회사의 성공을 기념하는 동시에 실수도 시정할 것이라는 다짐과 함께 대외적으로 공개해야만 한다고 생각했다. 포용적이면서도 사람을 중시하는 문화를 창출함으로써 트리벤트는 유능한 재정 설계자를 영입하고 또 유지할 수 있었고 이들 중 일부는 경쟁사에서 제시한 수백만 달러의 계약금까지도 거절하고 트리벤트로 왔다. 직원들은 조직의 사명을 믿었고 사기는 충천했으며 실적은 사상 최고를 기록했다.

지역공동체에 환원하라

영리를 목적으로 하든 비영리 기관이든, 조직은 그들이 속한 지역 공동체를 개선하고 사회적인 책임을 져야 하는 도덕적인 의무가 있다는 사실에 대부분의 사람들은 동의할 것이다. 하지만 회사의 리더들은 종종 조직과 지역공동체와의 관계에 있어서 황금률을 지키는 것 역시 회사의 수익에 도움이 된다는 사실을 잊고 있다. 이러한 철학을 실천하는 것은 경쟁자들 가운데에서 그 조직을 돋보이게 할 것이며 조직과 직원들 간의 유대를 더욱 깊게 할 수 있는 기회가 된다. 지역사회 참여 프로그램을 적절하게만 수행한다면 직원 고용과 유지, 그리고 직원들의 충성심뿐 아니라 마케팅이나 판매 실적에도 긍정적인 영향을 미치게 된다.

사회 참여의식을 회사의 전략 수립에 효과적으로 융합시킨 회사의 예로는 할인점인 타겟Target이 있다. 타겟은 점포가 속한 지역사회에 전체 수익의 5퍼센트 또는 매주 전국적으로 200만 달러의 자금을 환원하겠다는 전략을 수립하였다. 회사는 이 계획을 전국 지점에 효과적으로 홍보하였다. 직원들은 타겟에서 일하는 것을 자랑스럽게 여겼고 회사가 이익을 더 많이 내면 동네 여성보호소에 더 많은 지원이 돌아간다는 생각을 하면서 더욱 열심히 일하게 되었다. 고객들 또한 자신들이 타겟에서 물건을 살 때마다 자신들이 속한 지역사회에 혜택이 돌아가는 공익 사업에 자신도 참여하는 것이라는 사실에 보람을 느끼게 되었다.

이와 유사한 예로 안경점 체인인 렌즈 크래프터스LensCrafters가 있다. 렌즈 크래프터스는 직원들이 자원해서 미국 전역과 세계 전역을 돌아다니며 불우 이웃에게 무료로 검안을 해주고 안경을 제공하는 '시력을 선물합니다'라는 프로그램을 운영하고 있다. 아웃도어 웨어 전문 생산업체 파타고니아Patagonia Inc.사는 총 매출의 1퍼센트를 환경 보호를 위해 기부하고 있다. 1998년 이 금액은 1,000만 달러를 넘어섰다. 조명 및 장식용품 제조사인 리쥬버네이션 램프 앤 픽스처 컴퍼니 Rejuvenation Lamp & Fixture Company는 생태학적, 경제적으로 지속 가능한 사회를 건설하기 위해 비영리 조직을 설립, 지원함으로써 환경에 대한 영향과 재정적 건전성의 균형을 맞추기 위해 노력하고 있다. 다른 영리조직 매리엇 호텔Marriott Hotels은 직원들이 지역사회 봉사활동에 참여할 수 있도록 휴가를 주어 회사 이미지를 신장시키는 데 도움이 되었을 뿐 아니라 직원들의 사기에도 도움이 되었다. 주목할 만한 다른 예로는 에이본Avon화장품이 있다. 에이본은 회사의 자원봉사 프로그램과 유방암 의식 향상에 초점을 맞춘 공익 마케팅 프로그램을 성공적으로 접목시켰다.

성공적인 회사들은 지역사회 환원사업에 전체 조직을 참여시키면, 직원들은 자신들이 중요한 사업에 참여한다는 생각을 하게 되어 더 많은 능력을 발휘하게 된다는 사실을 알게 되었다. 지역사회를 돕기 위한 기업들의 프로그램은 직원들의 충성심을 높여주고 사기를 진작하며 소중한 고객들을 유치하고 또 유지함으로써 회사의 수익에 궁극적으로는 긍정적인 영향을 주게 된다.

3

직원의 이직

다이버시파이드 제약의 전 CEO 겸 사장 브래드 휴잇은 직원이직의 문제를 이렇게 설명한다. "회사에 노동자 부족 문제는 없습니다. 다만 일하기 좋은 곳이냐의 문제가 있습니다." 회사가 직원들을 보유하는 능력은 가치를 창출하는 능력에 직결된다. 한 설문조사에서 250명 이상의 경영자들은 고객 만족과 직원보유를 조직 내 장기적 가치 창출의 가장 중요한 두 가지 요건으로 뽑았다. 이미지 구축이나 시장점유율, 기술 투자나 제품 개발보다도 더 중요하다는 것이다. 하지만 설문에 참여한 경영자들 대다수는 이 분야에서 제대로 된 노력을 못하고 있다는 사실을 인정했다.

최근 《월스트리트 저널Wall Street Journal》에는 IT기업에서 프로그래머나 시스템 애널리스트 한 사람을 메꾸는 데는 평균 34,100달러의 비용이 들고 전문상점의 경우 판매원 한 사람당 10,445달러의 비용이 든다

는 연구 결과가 보고되었다. 그 기사는 콜센터나 패스트푸드 식당에서
한 사람의 직원을 메꾸는 데는 각각 6,296달러와 1,520달러가 든다는
사실도 밝혔다. 전문상점이나 콜센터, 하이테크, 패스트푸드 산업과
같이 직원이직이 많은 기업들을 연구한 컨설팅 업체 십슨 앤 컴퍼니
Sibson and Company는 직원이직은 회사 수익과 주가를 평균 38퍼센트 하
락시킨다는 사실을 발견했다. 이 비용에는 직원유치, 광고, 헤드헌팅
및 직원 연수뿐 아니라 퇴사하는 직원을 처리하는 비용까지 포함된다.

　회사들은 리더십의 황금률을 준수함으로써 직원이직을 감소시킬
수 있다. 스타벅스Starbucks Corporation를 예로 들어보자. 스타벅스의
CEO 겸 회장인 하워드 슐츠Howard Schultz는, "소매업이나 요식업이 고
객 서비스에 목숨이 걸려있는 반면에 그 직원들은 다른 업계와 비교해
서 최저 임금과 최악의 복리후생 혜택을 받고 있다는 사실은 실로 아
이러니이다. 이 사람들은 감정과 영혼을 가지고 있을 뿐 아니라 회사
의 얼굴이다. 회사가 벌어들이는 모든 돈은 그들의 손을 거쳐서 들어
온다."라고 말하였다. 그리고 슐츠는 이런 질문을 던졌다. "그런데도
이들을 소모품 취급할 수 있겠는가?" 스타벅스는 업계 평균 이상의 급
료와 풍부한 복리후생 혜택, 시간제 근무자를 포함한 모든 직원에게
건강보험 혜택, 그리고 스톡옵션까지 제공함으로써 최고의 소매업계
고용주가 되었다. 그 결과는 어떨까? 직원 이동이 업계 평균보다 훨씬
낮아졌다. 요식업계 평균이 150에서 400퍼센트인 반면 스타벅스는 60
에서 65퍼센트를 기록했다. 더욱이 점포 매니저의 이동률은 평균 25
퍼센트로 업계 평균의 절반밖에 되지 않았다. 다른 예로는 딜로이트
앤 투쉬Deloitte & Touche가 있다. 이 회사는 1997년 전문직 여성의 이직

을 단지 2.5퍼센트만 줄였는데도 1,060만 달러를 절약할 수 있다고 추정하였다. 회사의 추정에 의하면 충원을 위해 직원을 채용하고 훈련시키는 데에는 평균 그 직원 연봉의 1.5배 정도 비용이 든다.

기독교인으로서 우리는 자연스럽게 우리 주변의 사람들을 돌봐주고 싶어 한다. 그리고 여기에는 우리와 함께 일하는 사람들도 포함된다. 황금률에 따라 우리 직원들을 돌보자는 것은 옳은 일이며 재정적인 면에서도 아주 합리적인 일이다. 자료가 보여주듯 사람들의 요구와 수익을 내야만 하는 의무 사이의 긴장은 조직이 황금률을 준수하면 사라지게 된다.

같은 원칙을 가지고 있는 직원을 고용하라

만일 처음에 '맞는' 사람을 고용하지 않는다면 최고의 직원 복지 프로그램, 연금 혜택, 마음을 사로잡는 사명도 모두 소용이 없다. 스타벅스의 슐츠 회장도 새로운 직원을 고용할 때 개개인이 지닌 '가치관'을 매우 중요하게 생각한다고 다음과 같이 말하고 있다.

고위 임원을 고용하거나 투자은행을 선정할 때 그리고 합작 벤처 파트너를 평가할 때는 다음과 같은 자질을 살펴본다. 진실함과 열정이 그것이다. 나에게 이러한 자질은 경험이나 능력만큼 중요하다. 나는 자신의 가치관을 집에 남겨두지 않고 이를 일터에까지 가져오는 사람들, 나의 원칙과 일치하는 원칙을 가진 사람들과 함께 일하고 싶다. 만일 가치관이 맞지 않거나 가치관이 있어야 할 곳에 없다면 다른 후보를 찾아본다.

사우스웨스트 항공사는 철저한 고용 시스템을 이용하여 새로운 직원이 회사 조직문화에 맞는지 확인하고 있다. 1999년 사우스웨스트는 약 4,200여 개의 일자리를 채우기 위해 약 8만 명의 지원자들을 면접했다. 각 후보자는 최고 6주가 걸리는 치열한 면접과정을 치뤄냈다. 채용된 직원들 중에서도 20퍼센트는 연수 기간을 넘기지 못하고 탈락했다. 사우스웨스트 인력담당 부사장 리비 사테인은 이로 인해서 회사는 자기 성찰의 문화와 자발적인 직원, 낮은 이직율, 높은 고객만족도를 실현할 수 있었다고 평한다. 조직에 '맞는' 직원을 찾는다는 것은 조직의 성패를 좌우한다. 이 '맞는' 다는 것은 기술이나 경력만큼이나 공동의 가치관에 의해 결정되는 것이다.

이와 마찬가지로 아이스크림 제조사 블루 벨 크리머리Blue Bell Creameries 회장 에드 크루스Ed Kruse와 센트럴 앤 사우스웨스트 코퍼레이션Central and Southwest Corporation의 전 CEO 멀 보셸트Merle Borchelt, 두 사람은 모두 개인의 가치관과 직업윤리가 그 사람의 채용여부를 결정하는 가장 중요한 요소라고 밝혔다. 리더로서 지원자의 가치관에 대한 정보를 알기 위해서 면접 과정 중에 우리 자신의 가치관과 우리 조직문화의 가치관을 모두 강조하는 것은 자연스러운 일이다. 회사가 황금률을 강조하게 되면 회사의 가치관을 공유하는 개인을 채용하게 되고 이것은 장기적으로는 조직문화를 고양시키게 된다.

핵심 직원에게 초점을 맞춘다

역사적으로 볼 때 회사들은 제품 제조과정을 가장 중요하게 여겨왔고 대부분 직원들은 교체 가능한 것으로 생각해왔다. 오늘날 상황은 역전되었다. 많은 조직에서 직원이 가장 중요한 요소로 여겨지며 기술은 언제든 교체할 수 있는 것이 되었다. 만일 조직의 성공이 직원의 지성과 능력에 의해 좌우된다면 회사의 문화를 관리하는 것은 그 조직의 가장 중요한 문제가 된다. 그러한 조직문화 관리에 있어서 핵심 직원에게 특별한 관심을 기울일 필요가 있다.

나는 텍사스주 오스틴시에 살고 있는데 이 도시에는 델(Dell, 컴퓨터제조사), 티볼리(Tivoli, 소프트웨어 개발업체), 비네트(Vignette, 소프트웨어 개발업체)나 다른 하이테크 기업들이 본사를 두고 있는데 지루하고 정체되었던 대학 행정타운을 미국 남부의 실리콘밸리로 탈바꿈시켰다. 많은 신생기업들은, 그들이 기술적인 면에서 탁월할지라도 기업의 흥망은 인간이라는 요소에 달려있다는 사실을 알게 되었다. 인터넷에 많은 부분을 의존하고 있는 문화에서는 회사의 경쟁력과 영향력을 높여주는 것은 기술이 아니라 바로 사람이다.

딜로이트 투쉬 토마츠의 CEO 제임스 코프랜드James Copeland는 새로운 기술로 인해 새로운 아이디어가 시장에 신속하게 진출할 수 있게 되었고 회사가 빠르게 가치를 창출할 수 있게 되었다고 지적했다. 그래서 핵심 직원들을 유지하는 것이 주주와 주주가치를 창출하는 데 필수불가결하게 되었다. 코프랜드는 '개인적인 가치 창출'이라는 말로 핵심 직원들을 유지하는 방법을 설명한다. 이에 대해 그는 돈도 중요하지만 동시에 회사는 직원들이 자신의 지적인 재산도 늘릴 수 있는 기회를 제공해야 한다고 지적하면서, 조직은 상호 신뢰의 분위기를 조성하고 품질 추구에 전력을 다하면서 재능을 키워주는 환경을 만들어야 한다고 설명한다.

오늘날의 경제환경에서 핵심 직원, 즉 대신할 사람을 찾기 힘든 직원에게 집중하고 그룹별로 개별적인 직원 유지 계획을 세우는 것은 필수적이다. 적절한 대가를 치르는 것도 중요하지만 이것은 단지 시작에 불과하다. 봉급수준이 우월하다고 해도 다른 요소들 역시 매우 중요하기 때문이다. 마이크로소프트의 CEO 스티브 발머Steve Ballmer는 이를 아주 간결하게 설명한다. "핵심 직원이 누구인지 알고 그들의 복리를 위해서 헌신해야 한다." 핵심 직원들은 자신들이 가치를 창출하고 있으며 그들 자신보다 더 위대한 대의를 위해서 일하고 있다고 느껴야만 한다. 커리어 개발과 관리의 기회도 가져야만 한다. 그리고 그들은 기존 계급체계의 상급자보다는 멘토의 지도를 받고 싶어 한다. 리더들은 핵심 직원 개개인의 필요에 기초하여 개인별 전략을 세워야 한다.

내가 이끄는 조직의 경우, 나에게 직접 보고하는 두 명의 핵심 간부가 있다. 두 사람 모두 우리 조직의 장기적 성공에 없어서는 안 되는 사람들이다. 그들이 없다면 우리 조직은 수백만 달러의 가치를 더 만들어 낼 수 있는 기회를 잃게 될 것이다. 나는 이 두 사람 각자와 따로 만나서 그들의 장기적 커리어 목표를 어떻게 보고 있는지를 듣고(한 사람은 CEO로 내 뒤를 잇기를 원했고 다른 사람은 다른 비영리 조직의 리더가 될 목표를 세우고 있었다), 그들이 이 목표를 향해 움직일 수 있도록 훈련 프로그램을 마련했으며 황금수갑이나 마찬가지인 4년짜리 계약을 체결했다. 4년간 그들이 계속 근무한다면 금전적인 보상이 따르지만 그 전에 사직할 경우 위약금을 물어야 한다는 내용의 계약이었다. 그들이 리더로서의 나를 신뢰하였기 때문에 그리고 그들과 조직 모두에게 득이 되었기 때문에 이런 계약을 체결할 수 있었던 것이다. 마찬가지로 우리 조직의 간부들은 그들이 이끄는 팀원 모두의 복지를 위해 전력을 다하라는 요구를 받는다. 우리는 이러한 의도적인 직원 유지 노력의 결과를 면밀히 관찰하였다. 그 결과 2002년 고위간부 60명에 대한 유지율이 90퍼센트를 넘어섰다.

직원은 칭찬받고 싶어한다

25년 동안 갤럽Gallup Organization은 백만 명 이상의 노동자와의 인터뷰를 축적해왔다. 이 인터뷰에서 얻은 자료를 이용하여 마커스 버킹엄과 커트 코프만은 직원과 그들의 직속 상관과의 관계가 건전한 조직문화를 창출하는 데 가장 중요한 변수라는 사실을 설득력 있게 제시하였다. 그들은 저서 『First, Break All the Rules』에서 직원과 상관과의 관계가 어떤가가 직원의 충성심과 생산성에 좋든 나쁘든 직접적으로 영향을 미친다는 사실을 보여주고 있다. 저자들은 직원들이 상관으로부터 내적이면서 감정적인 만족감을 찾는다고 밝힌다. 직원들은 자신들에 대한 기대가 무엇인지, 그들이 소중하게 여겨지고 있는지에 대해 분명하게 알기를 원한다. 그들은 직속 상관이 그들의 성장과 개발을 독려해주기를 기대한다. 간부들이 이러한 자질을 갖추지 못했을 때 직원들은 다른 곳에 눈을 팔기 시작하는 것이다. 버킹엄과 코프만의 말을 빌면 "사람들은 상관으로부터 떠나는 것이지 회사를 떠나는 것이 아니다."

보수가 정말 중요한가?

이미 언급한 것과 같이 모든 조직은 적절한 보수에 관한 문제로 골머리를 앓는다. 어떤 조직은 높은 급여만 주면 건전한 조직문화를 창출하는 따위의 문제에 관심을 기울일 필요가 없다고 말하기도 한다. 또 다른 조직은 적정한 수준의 임금을 지급하지 않는 데서 오는 실질적인 손해를 과소평가하기도 한다. 나의 경험에 비추어보면 영리 조직이든 비영리 조직, 혹은 종교관련 조직이든 같은 원칙이 적용된다. 비영리 조직에서 일하는 많은 리더들은 자신들의 낮은 봉급에 대해 봉급을 올리게 되면 중요한 프로그램 예산을 줄여야 하기 때문이라고 변명한다. 비영리 조직의 리더들은, 자신의 직원들은 다른 사람에게 봉사하는 대의를 위해 개인적으로 희생하는 직업을 갖고 있다고 생각하기 때문에 금전적인 희생도 감수하고 있다고 자신들을 납득시킨다.

그러나 나는 여기에 동의하지 않는다. 이런 이야기들은 흔들리는 리더십이나 제품이나 서비스에 대한 요구에 부응하지 못하거나, 또는 어려운 결정을 내리지 못하는 우유부단함에 대한 변명으로 너무 자주 사용되어 왔기 때문이다. 더욱이 이런 변명은 쓸모없는 전략 수립, 직원이직으로 발생된 비용에 대한 몰이해, 근시안적인 사고에 대한 방어를 위해 사용되기도 한다. 부적절한 급료를 지불하는 것은 황금률을 위반하는 것이며 사기를 떨어뜨리고 최고의 직원을 유치할 수 없게 하며 이직률도 높인다. 그리고 직원의 가족에게도 부당한 일이다. 경험에 의하면 리더십의 황금률을 따르기 위해서는 보수 수준에 경쟁력이 있어야 하고, 지리적 여건이나 산업의 종류, 조직 내의 위치 등을 모두 고려해야 한다. 그러나 돈 하나만이 직원을 고무시키고 직원을 유지할 수 있는 수단이라는 생각도 잘못된 것이다. 적절한 급여 조건은 단지 건전한 조직문화의 한 가지 구성 요건에 지나지 않는다. 직원들은 자신들이 이룩한 성과와 자신들의 능력을 향상시키려는 열망을 조직에서 알아주기를 간절히 원하고, 자신들의 의견을 상부에서 청취해주고, 의미 있는 일을 하기를 원한다. 돈 하나로만은 이런 그들의 요구를 모두 채워줄 수 없다. 리더로서 수많은 직원들의 요구에 관심을 기울이는 것은 매우 중요한 일이다.

직원들은 아주 특별한 이유로 조직에 남을지, 떠날지를 결정한다. 아더 앤더슨의 인력자원 서비스 담당자인 토마스 플래너리는 이에 대해 두 가지 이유를 든다. 직원들은 할 일이 있는 곳에 있기를 원하고, 적절한 자원이 제공되기를 원한다. 플래너리는 "사람들은 자신들이 성공적인 조직을 위해서 일하고 있다고 느끼기를 원한다. 그들은 자신들이 일을 할 수 있는 자원을 가지고 있다는 느낌을 받기를 원한다. 만일 이런 조건이 충족되지 않는다면 회사에 더 많은 봉급을 요구하게 된다."라고 덧붙였다.

스톡옵션의 사용

상장된 회사들에서 최근 들어서 하기 시작한 관행으로 직원들에게 스톡옵션을 제공하는 것이 있다. 이런 관행의 뒤에는 스톡옵션으로 아주 재능 있는 직원을 유치할 수 있을 것이며 주인의식으로 충성심을 높일 수 있을 것이라는 이론이 깔려 있다. 그 결과 주주를 위해 가치를 창출해야 한다는 공동의 목표를 가지고 있는 사람들로 이루어진 조직으로 이어지게 된다. 의도도 훌륭하고 때때로 결과도 성공적이기는 하지만 직원의 동기유발을 위해서 스톡옵션을 사용하는 것은 위험을 내포하고 있으며 심지어는 조직문화에 역효과를 가져오기도 한다.

직원들을 유지하고 장기 목표를 성취하기 위해 스톡옵션에 의지하는 회사들은 사람들이 어떻게, 그리고 왜 일에 열정을 가지고 회사에 계속 남게 되는 지를 모른다. 직원 유치를 위해 스톡옵션에 심하게 의지하면 오직 금전적인 면에만 기초한 조직문화를 만들게 된다. 이런 체제 하에서 직원은 실상은 떠나고 싶어지게 된다.

스톡옵션은 경영진에게도 장기적인 결과에는 상관없이 단기적인 주가 상승을 만들고 싶은 강한 유혹을 가져오기도 한다. 1990년대 중시가 활황이던 시기에 엔론이나 월드컴World Com과 같은 회사의 비윤리적인 경영진들은 주가 상승을 유지하기 위해 매출을 인위적으로 부풀리려고 장부를 조작하는 다양한 분식회계 방식을 사용하였다. 최근 기소된 월드컴의 최고재무담당자CFO 스코트 설리번은 월드컴의 수익성이 좋아보이도록 39억 달러의 비용을 변칙 처리한 후 454만 달러의 회사 주식을 팔아치웠다.

런던 경영학 대학의 로라 디앤드리아 타이슨 학장은 기업들이 간부들에 대한 보수의 기준을 자사의 주가가 아니라 전체 시장상황에 따라 측정된 실적에 두어야 한다고 권고했다. 타이슨 학장은 또한 간부들이 스톡옵션을 행사하기 전 유예기간을 길게 하고, 점점 커지고 있는 간부와 일반 사원 간의 급여 격차를 적극적으로 줄이려는 노력을 하라고 제안했다. 황금률을 따르고 있는 리더들은 직관적으로 공정하고 윤리적인 보수체제를 시행하는 것이 조직을 이끄는 능력에 도움이 된다는 사실을 이해하고 있다. 간부들과 평직원들 간의 보수 수준의 격차는 그 조직의 가치관과 그 리더의 가치관을 직접적으로 반영하는 것이다.

경영 전문가 피터 드러커는 거의 모든 직위의 직원들이 스톡옵션을 부적절하게 행사할 뿐 아니라 특히 지식 노동자들에게는 마음에 차지도 않는다는 사실을 알아냈다. 그는 《포춘》지 선정 500대 하이테크 다국적 기업에서 오히려 고위 연구원이나 기술분야 직원들의 이직율이 더 높다는 사실을 언급하였다. 한 퇴사 직원이 이런 이야기를 들려주었다.

주요 고객 세 사람과 중국에서 6주를 보낸 후 돌아와서는 국제 기술 부장에게 가서 중국에서 발견한 사업 기회에 대해서 이야기를 하려고 한 시간이나 노력을 했습니다. 하지만 그가 신경 쓰는 것은 그 전날 우리 주가가 8포인트나 떨어졌다는 사실뿐이었습니다.

드러커는 불만족스럽게, 심지어는 회사를 증오하면서 퇴사하는 직원이 많은 곳으로 마이크로소프트를 꼽았다. 드러커에 따르면 회사에서 퇴사한 직원들이 가장 불만스럽게 생각하는 것은 업적에 대해 거의 인정을 받지 못한다는 것이다. 이들은 가치 체계가 전적으로 금전적인 면에 치우쳐 있기 때문에 과학자로서의 전문성을 제대로 인정받지 못했다고 덧붙였다. 비영리 기관에서 일해온 사람들은 이런 분야에서 일하기로 결정한 것이 돈 때문은 아니라는 사실을 본능적으로 알고 있다. 이런 사람들에게 정말 중요한 것은 이런 것들이다. 자신들이 금전적으로 이용당하지 않는다는 느낌, 하고 있는 일이 의미 있는 일이라는 생각, 자신이 공정하고 인간적으로 대접받는다는 생각, 자신의 역할과 목적뿐 아니라 조직의 사명과 목표에 대한 명확한 이해, 그리고 여기에 자신이 기여하고 있다는 것을 아는 데서 오는 만족감 등이 그것이다. 민간 경제조사기관인 컨퍼런스 보드Conference Board가 최근 실시한 연구에서도 이와 같은 결과를 찾아볼 수 있다. 연구에 의하면 직원들에게 더 많은 돈을 준다고 해서 직원 유지에 피해가 되는 것은 아니며 동시에 보수 체계로 인해서 핵심 직원들을 잃는 것도 아니고, 보수 체계가 직원을 유지하는 만병통치약도 아니다. 반면 연구에 의하면 한정된 기회, 상관들과의 나쁜 관계, 불확실한 업무환경이 직원들을 떠나게 하는 3대 요인이다.

장기적 목표와 일치하는 보수 체계를 만드는 것은 중요한 일이다. 비영리 조직의 보수 체계는 시장 상황과 실적에 따라 적절하게 결정되어야 한다. 많은 비영리 기관은 핵심 직원들을 위한 보너스 제도를 가지고 있는데 보통 총 보수의 5~15퍼센트의 적은 수준이다. 개인 또는 조직의 실적에 따른 보너스는 조직의 운영 목적을 얼마나 달성했느냐를 기준으로 보통 매 분기마다 또는 1년에 한번 지급된다. 시장에 상장된 영리 기업들의 경우는 이러한 보상과 장기 목표를 한데 묶을 수 있는 창의적이면서 쉽게 이해할 수 있는 전략을 찾아야만 한다. 스톡옵션을 사용하는 회사들은 장기적인 주가와 스톡옵션을 연결시켜야 하며 전체 스톡옵션 제도를 고객 만족과 직원 유지를 포함하여 광범위하게 구성해야 한다. 예를 들어, 시스코 시스템즈Cisco Systems는 스톡옵션 행사 시기를 5년으로 연장시켰다. 시스코는 회사의 보수 제도와 조직문화의 중심을 고객으로 하였다. 모든 간부의 보수 일정 부분을 고객 만족에 직접 연결시킨 것이다. 시스코의 CEO 존 챔버스는 이 전략의 효과에 대해서 이렇게 설명한다. "고객 만족이 보수에 포함된다고 하니 사람들이 이렇게 말하더군요. '정말 중요한 것임에 틀림없어.'"

리더로서 우리는 우리 조직과 우리가 관리하는 사람들에 대해서 이런 질문을 던져보아야 한다. 보수는 적절한가? 보수체계가 이해하기 쉬운가? 직원들을 유지하기 위해서 의미 있는 도전과 기회를 만들어주고 있는가? 조직과 직원이 제대로된 방식으로 관리되고 있는가? 우리 업무 환경은 어떤 상태인가? A지점에서 B지점으로 직원들을 이끌기 위해 고안된 우리의 전략을 직원들이 받아들이고 있는가? 다르게 표현한다면, 우리는 황금률을 따르고 있는가? 이 질문들에 대한 대답은, 우리 조직이 장기적인 가치를 창출하기 위한 과정을 제대로 밟고 있는지를 우리에게 알려주는 신뢰할 수 있는 바로미터가 될 것이다.

보상 문제에 대한 개인적 견해

황금률에 따른 보상 제도 개발은 다른 어떤 것보다 내가 더 많이 씨름해 온 문제이다. 기독교인의 관점에서 전국적인 종교 단체들이 정기적으로 노동자들의 최저 임금과 정당한 보상에 대한 권리에 대해 사회 정의를 촉구하는 선언과 성서적인 근거를 발표하고 있다. 그러한 사상이나 지침은 건전하고 매우 유용한 것이다. 그러나 내가 경험에서 배운 바에 의하면 이런 복잡하고도 오래된 문제에는 흑백 논리식의 해결책은 없다는 것이다. 이제는 우리의 조직문화에 중요한 부분으로 떠오른 것으로, 지금 우리 조직이 직면하고 있는 문제를 제시하고 오랜 기간에 걸쳐 얻은 해결책에 대해 이야기하겠다.

우리 직원들의 대부분은 정식 간호 조무사, 요리사, 가정 건강 관리사, 가사 도우미 들이다. 이들 모두가 아주 중요한 사람들이며 이들은 우리 고객들을 보살피는 데 최전선에서 일하고 있는 사람들이다.

이렇게 중요한 팀원들의 거의 대부분은 우리가 운영하는 양로원에서 일하고 있다. 이 양로원에 기거하는 우리 고객들의 대부분은 가난한 사람들이기 때문에 우리가 제공하는 서비스는 모두 주에서 지원을 받아 이루어진다. 주 정부는 아무데도 갈 곳 없는 이 노인들을 돌보는 일에 대한 일당을 결정한다. 또한 주 정부는 우리 시설마다 배치할 최소 인원에 대해서도 지시한다. 이 두 가지 요인—정해진 일당과 최소 투입 인원—으로 인해 시설별로 수입 기반을 늘려보려는 우리의 노력은 제한될 수밖에 없었고 조직의 지출 중 가장 많은 비중을 차지한 인건비도 통제할 수 없었다.

계산을 해본 결과 우리의 좋은 의도에도 불구하고 직원들에게는 최저생계비용도 지불할 수 없는 일이 많았다. 딜레마에 빠진 것이다. 낮은 직급의 직원들에게 이상적인 임금보다 적은 비용을 지불할 것인지 시설을 폐쇄함으로써 우리 고객들에게 피해를 줄 것인지 선택을 해야만 했던 것이다. 우리는 또한 후자를 선택할 경우에는 그 시설에서 일하고 있는 직원들에게 더 많은 피해를 가져올 것이라는 사실을 잘 알고 있었다. 그들은 지금과 같거나 적은 급료를 받게 되거나 우리만큼 높은 수준을 제공하지 않는 조직과 일하게 될 가능성이 높았다.

이런 현실적인 한계에 부딪혔을 때 우리와 같은 조직은 무엇을 할 수 있을까? 우선, 우리는 인간적인 사회에서 가난한 노인들에 대한 예산 책정은 최우선이 되어야 한다고 주의회를 설득했다. 이 노력이 어느 정도 성공을 거둬 지원금 액수가 늘어나게 되었고 이는 바로 직접 노인들을 돌보고 있는 직원들의 급여에 반영되었다. 이로 인해 점차 사기는 높아졌고 재능 있는 직원들을 유치할 수 있었으며 이는 결국 더 좋은 서비스로 나타났다. 지난 5년간 이 직원들의 평균 초임은 물가상승률보다 빠르게 인상되어 왔다. 여전히 이들의 봉급은 낮은 편이지만 좋은 소식은 정치적으로나 조직적으로나 바른 방향으로 나아가고 있다는 것이다.

더욱이 양로원 업계의 다른 영리기관 경쟁자들과는 달리 우리는 모든 직원들에게 건강보험 혜택을 제공하고 있다. 건강보험 혜택은 우리들 모두에게 매우 중요한 문제이고 기술 수준에 따라서 혜택을 차별해서도 안 되는 것이다. (대부분은 아니더라도 많은 영리 보건 기관의 경우 건강보험 제공에 관한 법률을 여러 방법으로 빠져나가고 있다. 우리는 도덕적인 견지에서 이런 관행을 따르지 않았다.) 그렇다. 이러한 결정은 우리 수익에 영향을 가져왔다. 그러나 우리 경쟁자들보다 수익성이 떨어진다고 할지라도 이렇게 하는 것은 옳은 일이었다.

우리는 또한 연간 예산 계획에서 낮은 직급의 직원들에게 높은 직급의 직원들보다 높은 임금인상률을 적용하기로 결정하였다. 이러한 조치는 낮은 직급의 직원들이 조직에서 가장 중요시 된다는 점을 확인하고 최고위 직원과 최하위 직원 간의 임금 격차가 너무 크지 않도록 하려는 방편 중 하나였다. 결국 우리는 낮은 직위의 직원들에게 보다 많은 봉급을 주고 또 우리의 사명을 완수하는 데 도움이 될 자금 제공처를 계속해서 찾게 되었다.

다른 방법으로 직원을 돌보는 것 또한 우리의 우선과제였다. 모든 직급의 직원들에게 모두 해결해야 할 개인적인 문제나 가족 문제가 있게 마련이다. 행정부서에서는 동료가 처한 상황을 슬기롭게 해결하기 위한 조치나 비용 지출에 대한 승인 요청을 시설 책임자들로부터 정기적으로 받는다. 예를 들어, 크리스마스철이 되면 시설 책임자와 나는 지역 교회와 함께 우리 고객들이 제대로 된 명절 음식과 선물을 받을 수 있도록 일을 하곤 한다. 그러나 작년 우리는 이 프로그램을 확대하어 낮은 지급의 직원들 몇 명도 포함시켰다. 또한 의지가 있는 직원들이 교육을 받아서 상위 직급으로 진출하고 높은 봉급도 받을 수 있도록 장학급 제도도 신설하였다. 우리 직원들 중에는 목사인 직원도 있기 때문에 직원들은 어느 때라도 개인사나 가정사를 상담할 수 있다. 시설에서 일하고 있는 직원들은 구내식당에서 무료로 식사를 할 수도 있다. 이런 혜택들은 바로 우리 조직의 고위 간부들이 실제 예산의 한계를 넘지 않으면서도 황금률을 따르려고 노력하고 있는 방법들 중 몇 가지 예만 든 것이다.

그럼 이것으로 우리 급여 제도가 모든 직원들에게 공정한지에 대한 나의 우려를 불식시켰는가? 고위 경영자가 자신이 감독하는 직원보다 시간당 10배나 많이 버는 것은 성경적으로 정당한 일인가? 정직하게 대답하자면, 대답은 모두 '아니오'이다. 그럼에도 불구하고 내가 밤에 잠을 제대로 잘 수 있는 것은, 우리 고위 간부들과 내가 직원 모두를 황금률에 따라 대우할 수 있는 방법을 찾아나가기 위해서 매일 노력하며 이 질문들과 씨름하고 있다는 것을 알고 있기 때문이다.

CHAPTER 5

사회적 유대를 강화한다

성공적인 직장 만들기에 기여하는 황금률의 또 다른 면은 이웃을 돌보고자 하는 열망, 이 경우는 동료를 돌보고자 하는 마음이다. 오스틴시에 위치한 회계 금융 서비스 회사 맥스웰 록 앤 리터Maxwell, Locke & Ritter의 고위 파트너 얼 맥스웰은 말한다. "우리가 생각하는 전통적인 공동체, 이웃이나 가족제도, 교회는 사라졌다. 일터가 사람들의 삶에 영향을 줄 수 있는 방법은 조직 내에 실제 공동체를 건설하는 것이다. 이 공동체는 또한 조직에도 도움이 될 것이다." 놀랍게도 아직도 동료들 간에 친해지면 시시덕거리는 시간만 많아진다는 생각에 직원들간에 친해지는 것을 적극적으로 말리는 회사들이 있다. 이미 언급한 바와 같이 갤럽 설문 조사에서 나타난 생산성 높은 직장을 구성하는 요소 중 한가지는 직원들로 하여금 서로 친밀한 우정을 쌓도록 장려하는 것이다. 많은 인수합병, 구조조정이 충분한 효과를 내지 못하는 이유가 바로 이런 이유 때문이다. 직원들간의 우정이 의도하지 않게 파괴되고 이로 인해서 생산성이나 직장에 대한 충성심도 파괴된다.

최고의 조직문화를 가지고 있는 것으로 알려져 있는 사우스웨스트 항공사는 1,000명 이상의 직원들이 사내 연애를 통해서 결혼을 했다는 사실을 자랑하고 있다. 또 펜실베니아 주립대학 와튼 경영학 대학원의 피터 카펠리 교수도 조직 내에 공고한 공동체를 구축하게 되면 직원 유지율이 개선된다는 설을 뒷받침하는 연구를 실시하였다. 회사에 대한 충성심은 사라지고 있을지 모른다. 그러나 동료에 대한 충성심은 그렇지 않다. 카펠리 교수는 인게이지 솔루션Ingage Solutions을 예로 들며 이 회사가 골프 리그, 투자 클럽, 소프트볼팀을 창설하여 이직률이 높기로 소문난 소프트웨어 엔지니어들의 이직률을 줄였다는 사실을 제시하였다. 이제는 직원이 회사를 떠난다는 것은 그들의 사회적 네트워크를 떠난다는 것을 의미한다. 기독교인인 우리는 예에서도 볼 수 있는 조직공동체를 구성할 수 있는 우리만의 기회를 가지고 있다. 이야말로 조직의 사명을 수행하면서 우리의 신앙을 행동으로 옮길 수 있는 기회이다.

일은 즐겁게

사람들이 직장에서 즐겁게 지내지 못하란 법은 없다. 행복하면서 의지에 찬 직원들은 뛰어난 실적을 가져온다. 경영 전문가 오렌 해러리Oren Harari는 미소와 질서, 웃음과 초점, 키득거림과 성과, 히죽대는 웃음과 높은 실적 사이에 관련이 있으며 이는 같은 선상에 있다고 지적한 바 있다. 리더의 태도가 전체 조직의 분위기를 결정하며 직원들이 자신의 일을 즐기면서 생산성 높게 일하는 지를 결정하는 데 중요한 역할을 한다.

내가 대규모 사회사업 기관의 CEO로 취임하게 되었을 때 직원들의 사기는 매우 낮은 수준이었다. 재정 지원은 줄어들고 몇몇 프로그램이 폐지되었으며 구조조정과 비전의 부재가 모두 영향을 미쳤다. 조직 전체적인 침체의 부작용으로 나를 포함해 직원들 어느 누구도 즐겁게 지내지 못했다. 우리가 비공식 사명 선언문에서 가장 역점을 둔 사항들 중 하나가 바로 '열심히 일하고, 즐겁게 지내고, 성과를 내자' 는 것이었다. 우리는 이런 메시지를 직원들에게 전달했다. "그렇습니다, 우리 조직을 되살리기 위해서 늦게까지 일해야 할 것입니다. 그렇습니다, 성과와 책임감이 중요합니다. 그렇습니다, 직원 여러분 개개인의 목표를 달성해야 할 것이고 그렇지 못하면 여기를 떠나야 할 것입니다."(실제로 떠나야만 했던 사람은 몇 명밖에 되지 않았다.) 이 메시지는 직선적이었지만 그 기저에는 인생이 너무 짧기에 우리 모두가 즐겁게 지내자는 우리 모두의 이해가 깔려 있었다. 우리 조직을 명확한 목적을 가진 조직으로 쇄신하기 위해 함께 일해야 하며, 사람들의 삶에 변화를 가져오는 것이 신나고 재미있는 일이라는 것을 우리 모두 이해하게 되었다. 10명의 고위 간부들 중 한 사람만이 부하 직원과 즐겁게 지내면서도 성공적인 관리자가 될 수 있다는 사실에 동의하지 않았다. 이 사람은 1년이 지난 후 조직을 떠나게 되었고 이는 관련된 사람 모두에게 득이 되었다.

효과가 있었던 실례들

아주 이상적인 복리후생 혜택과 직원 참여 프로그램이라도 이들이
직원들을 조금이라도 더 일하도록 쥐어짜려는 의도로 시행된다면 절
대로 성공할 수 없다. 이런 프로그램을 제공하는 것이 당연하기 때문
에 직원들에게 혜택을 제공하는 경우에만 그 효과를 볼 수 있다. 다음
의 예들을 보면 직원들이 삶에서 건전한 균형을 찾을 수 있도록 도와
주기 위해 몇몇 회사들이 실시했던 조치들을 엿볼 수 있을 것이다.

댈러스에 위치한 세븐 일레븐7-Eleven Corporation사는 직원들을 유지
하기 위한 계획의 일부로 편의점 점원을 포함한 모든 직원들에게 직원
과 직원의 애완동물을 위한 카페테리아식 건강보험, 근속 개월 수(년
수가 아니라)에 따른 근속 보너스, 자동차 보험 특별 할인, 가정 방범
시스템을 제공하기로 결정하였다. 이와 유사하게 블록버스터
(Blockbuster, 비디오 대여점 체인)도 대학생인 직원들에게 학비 상환제도와
건강보험을 제공함으로써 성공적인 결과를 거두었다. 피델리티 인베
스트먼트Fidelity Investments는 때때로 식스 플래그(Six Flags, 놀이공원)를 임
대하여 직원과 그 가족들이 즐길 수 있는 시간을 제공하고 있으며 직
원들에게 아주 인기가 있는 호텔식 안내원 서비스를 제공하고 있다.
이 서비스는 직원들이 급박하게 선물을 구입해야 하거나 구하기 힘든
브로드웨이 뮤지컬 표를 구할 수 있도록 도와주는 서비스이다. 산타클

라라에 위치한 인텔Intel사의 경우 최근 샌프란시스코와 산 라몬에 위성중계 사무실을 열어 장거리 통근 직원의 고생을 덜어 주었다. 쓰리콤3Com은 직원들 대신 세탁소에 옷을 맡겨주거나 면허증 갱신 수속을 밟아주는 대행 서비스를 제공하고 있다. 휴렛팩커드는 시간제 업무와 업무 공유 프로그램을 홍보하는 가상 사무실을 만들었다.

멀리 내다보는 회사들은 직원들의 영성적인 필요사항에도 관심을 기울인다. 텍사스 록웰에 위치한 위트모어 매뉴팩처링 컴퍼니Whitmore Manufacturing Company는 파트타임으로 근무하는 목사를 고용하여 성경 공부를 지도하고 사무실을 매주 방문하며 개인적인 문제 상황이 있을 때 24시간 전화에 응답할 수 있도록 하고 있다. 위트모어사는 마켓플레이스 미니스트리Marketplace Ministries, Inc.에서 계약직 목사를 소개받았는데 이 회사는 2000년 전국 32개 주에 걸쳐 236개 회사에 계약직 목사를 파견했다.

많은 회사들은 또한 직원의 육체적 건강의 중요성도 인식하고 있다. 750명 이상의 직원을 가진 회사들 중 41퍼센트는 회사 내 일정 공간에 운동 시설을 마련하고 있다. 이런 회사들은 직원들의 건강이 좋아지면 건강보험 비용이 낮아질 뿐 아니라 업무 실적도 좋아진다는 사실을 발견하였다.

각각의 조직마다 조직만의 문제가 있고 그에 대한 해결책도 모두 다르지만 공통점은 신념의 핵심과 조직이 내세우는 가치관의 중심으로서 황금률을 적용해야 한다는 것이다. 이것이야말로 직원들을 적절하게 처우하면서 동기를 부여할 수 있는 직장공동체를 이루는 길이다.

6

이론이 현실에 부딪힐 때 어떻게 될까?

고객과 직원 모두를 고려하여 그리스도 중심의 어려운 결정을 매일 내리는 것은 리더의 진가를 시험하는 장이 된다. 트리벤트 파이낸셜을 한 예로 들어 보겠다. 트리벤트는 최근 가족친화적인 정책을 몇 가지 시행했는데 이 중에는 일요일 출장 금지라는 사항이 있다. 그러나 직원의 필요보다 고객의 요구를 우선시해야 하는 상황이 있다. 업무의 특성상 240만 고객을 위한 자금 관리자들은 주식 시장이 열려있는 시간에는 일자리에 있어야만 한다. 즉 크리스마스 이브 오후 2시까지, 그리고 추수감사절 다음날에도 일을 해야 한다는 뜻이다. 몇몇 직원들은 만일 회사가 정말 가족친화적이 되겠다고 생각한다면 이런 날들도 휴일로 지정해서 직원들이 일하지 않도록 해야 한다고 생각한다.

트리벤트는 레스토랑이나 병원, 백화점과 같은 업무 환경을 가지고 있다. 고객에게 최상의 서비스를 제공하기 위해서는 이런 명절에도 업

무를 계속해야 하는 것이다. 경영자의 관점에서 조직의 이익을 우선시
하는 것은 장기적으로 가치를 창출하기 위한 필수사항이다. 리더로서
의 최우선 목표는 직원들을 소중히 대하는 동시에 고객들이 당연히 받
아야 하는 최우선권을 제공하는 것이다. 예를 들어 명절에 업무를 봐
야 하는 경우, 담당 직원 한 사람이면 충분하다. 그날 일하는 사람은
휴일 근무 수당으로 평소 임금의 1.5배를 준다. 또는 특정 명절에 일
한 직원에게 그 다음날 휴가를 줄 수도 있다. 해결책은 항상 상황에 따
라 다르다. 제대로 설명하고 공정하게 시행된다면 직원들도 이러한 결
정을 존중하고 이해할 것이다.

회사에 긴급 상황이 발생하였는데 조치를 취해야 할 직원이 휴가중
인 경우에도 같은 원칙이 적용된다. 리더십의 황금률에 따르면 휴가의
가치와 긴급한 필요상황을 저울질하여 적절한 조치를 취해야 한다. 전
화나 이메일로 업무를 처리하거나 사무실로 일찍 복귀하여 일을 처리
하도록 한다. 조직이 어려운 때라면 고대해 왔던 휴가도 잠시 미뤄둬
야만 할 때가 있다. 그러나 위기 상황이 끝나면 그 조직은 희생을 감내
한 직원에게 그에 따른 적절한 보상을 해줘야 할 의무가 있다. 이런 보
상에는 특별 포상이나 승진에 대한 약속, 휴가 기간 연장, 취소된 휴가
에 대한 추가 보상 등이 있을 수 있다.

어려운 시기에 황금률에 따라 행동하기

심각한 병고에 시달리거나 부상 당한 직원을 돌보는 것은 기독교인

으로서 할 일일 뿐 아니라 실상 장기적인 면에서 사업에도 좋은 일이다. 우리들 대부분은 전성기에 부상을 당하거나 생명에 치명적인 질병에 걸린 직원들이나 혹은 가족들을 봤을 것이다. 이런 위기에 부딪히면 직원들은 자신이 도덕적으로 살아왔는지에 대해 생각해보고 이 일로 인해 가족이 겪을 고통에 대해서 생각하게 된다. 훌륭한 조직문화에서라면 이런 직원이나 그 가족의 문제를 감싸 안고 직원이 더 이상 일할 수 없더라도 이들을 끝까지 돌봐줘야 한다. 비생산적인 직원을 내보내야 한다는 규칙의 유일한 예외가 바로 이런 상황이다. 위기에 처한 직원과 그 가족을 감싸는 방법에는 장애 수당, 봉급은 그대로 두고 책임을 줄인다든지, 자녀를 위한 장학금, 병가제도를 탄력적으로 적용하는 방법이 있다. 이런 제도는 좋을 때나 나쁠 때나 서로를 돌보기 위해 조직이 진정으로 애쓰고 있다는 사실을 다른 직원들도 느끼게 해준다. 옳은 일을 하기 위해서 조직에서 지불하는 단기적인 비용은 황금률을 준수함으로써 조직에 더해지는 장기적인 가치에 의해 상쇄되고도 남는다.

서로를 돌보는 조직문화는 또한 위기에 처한 가족들을 돌봐야 하는 직원들에게도 도움을 제공한다. 이상적인 조직이라면 직원들이 도움이 필요한 가족들을 위해 휴가를 낼 수 있도록 해주고 이들의 업무는 다른 사람들이 조금씩 분담하도록 해준다. 직원들은 자신들이 휴가를 내도 좋다는, 심지어는 휴가를 내도록 권유받았다는 사실을 알게 되고, 경영진이 그의 복지에 신경을 쓰고 있다는 신뢰감을 가지게 된다. 이는 물론 기독교인으로서 해야할 일이며 모두에게 득이 되는 윈윈전략이다. 돌봄의 철학을 실천함으로써 조직이 결국에 얻는 것은 능력의

100퍼센트를 발휘하는, 충성심 있고 조직의 목표를 성취하는 데 헌신하는 직원들이다.

투자자들의 인식 변화

리더십의 황금률 준수로 인해 조직적인 성공을 얻을 수 있다는 것을 가장 분명하게 나타내주는 지표 중의 하나는 월스트리트에서도 이를 알아차리기 시작했다는 사실이다. 많은 뮤츄얼펀드 회사들이 전통적으로 담배 제품 판매, 도박, 총기와 관련된 회사들에 대한 투자에는 난색을 표해왔다는 사실은 잘 알려져 있다. 현재 특정 사업 분야를 증진시키는 펀드에 투자되고 있는 자금은 2조 1,000억 달러로 추정되고 있다. 보스턴에 위치한 도미니 소셜 인베스트먼트Domini Social Investments, 뉴햄프셔에 위치한 시티즌즈 펀드Citizen's Funds와 같은 회사들은 투자 기준에 있어서 직원들에 대한 대우가 뛰어난 회사들을 선호하고 있다. 시티즌즈 펀드의 부사장 조 키프는 "노동자를 착취하는 회사나 환경문제를 일으키는 회사들을 피하는 것이 현명한 투자라고 생각한다."고 이야기한다. 살로몬 스미스 바니에서 사회적 책임 투자 펀드를 관리하고 있는 로버트 브래디는 "이런 추세는 사람들이 생각하는 것보다 훨씬 더 대세로 자리잡고 있다."라고 말한다.

아주 간단한 성공의 공식

직원 이직율이 높거나, 직원들이 제대로 대우받지 못한다고 느끼거나, 기대치가 무엇인지 확실하지 않고, 위험을 회피하려고 하는 조직은 장기적인 가치를 창출하지 못할 가능성이 크다. 그런 상황에 대한 해결책은 황금률을 따르며 가치 중심의 문화를 만들면서 시작된다. 연구에 의하면 황금률과 훌륭한 인적 자원 관리는 높은 주주 이익과 가치 창출과 연결되어 있다. 이 결과에서 볼 때 직원들을 존경심으로 대하고 그들의 재능을 개발해주며 인간으로서 진정으로 염려해주는 것이 조직의 성공에 필수적이다.

콘티넨탈 항공Continental Airlines의 서비스가 얼마나 나빴는지 기억하는 사람이 많을 것이다. 하지만 더 이상 옛날 같지 않다. 최근에 콘티넨탈 항공사가 전국 신문에 게재한 광고 문구는 이렇다.

최고의 직장
최고의 항공사
우연의 일치일까요?

광고의 내용이 어떻든 2001년 콘티넨탈은 《포춘》지가 선정한 100대 최고의 직장으로 선정되었고 《에어 트랜스포트 월드Air Transport World》에 의해 올해의 항공사로 선정되었다. 이 광고가 이야기하는 바는 이렇다. '우연의 일치란 없다. 아주 간단한 성공의 공식인 것이다. 고객에게 더 좋은 서비스를 하는 것이 바로 변화를 가져온 것이다.'

이것은 황금률을 따랐기 때문에 조직에 진정한 장기적 가치를 가지고
올 수 있었던 것이다.

옳은 일을 하라

무력으로 권좌에 앉을 수는 있다.
그러나 권좌가 오래가지는 않는다.
보리스 옐친Boris Yeltsin

E X E C U T I V E V A L U E S

리더십의 황금률을 따른다는 것은 스파이크 리Spike Lee가 감독한 〈옳은 일을 해라Do the Right Thing〉의 제목과 주제가 된 원칙을 실행에 옮기기만 하면 된다. 이는 성서적인 의무이기도 하지만 조직에 최고의 이익이 되는 것이다. 그러나 이 의무는 경제 압박이 점점 늘어남에 따라 지키기 힘들게 되고 있다. 조직과 그 리더들은 종종 그 사람에게 필요하지도 않은 물건을 팔아야 하고, 저가의 재료를 사용하고, 부족한 수의 직원들로 회사를 꾸려나가고, 복잡한 속임수로 회계장부를 조작해야만 하는 선택을 해야 하는 경우가 있다.

그럼에도 역사상으로 옳은 일을 하는 것만이 진정한 장기적 가치를 창출하는 유일한 전략이라는 사실이 증명되었다. 옳은 일을 한다는 것은 진실성 있게 행동한다는 것을 의미한다. 진실성 있게 행동한다는 것은, 스티븐 카터Stephen Carter의 말을 빌자면, 먼저 주어진 상황에서 무엇이 옳은 일인지 무엇이 잘못된 것인지를 이해해야 한다. 다음은 개인적인 비용이 든다 할지라도 우리가 이해한 대로 행동하는 것이다. 마지막으로 무엇이 옳은지 잘못됐는지 우리가 이해한 바에 따라 행동하고 있다는 사실을 공개적으로 인정해야만 한다.

리더로서 우리는 직업세계에서 두 종류의 사람들과 매일 만나고 있다. 우리를 공정하게 대하는 사람들과, 불법이 아니거나 잡혀가지만 않는다면 어떤 행동이라도 용인된다고 믿는 사람들이 있다. 컨설팅 업체 KPMG는 2000년 조직에 관한 설문조사에서 미국 노동자들이 직장에서 직접적으로 불법 또는 비윤리적인 행위를 목격한다고 보고하였다. 49퍼센트의 노동자들은 만일 이런 위법행위가 대중에게 알려진다면 회사는 상당히 많이 대중의 신뢰를 잃게 될 것이라고 대답하였다. 제3부에서는 기독교인으로서의 가치관을 단기적인 성공과 맞바꾸게 되면 장기적으로 조직에 손해가 온다는 것을 이야기하고자 한다. 조직이 그들이 섬기는 사람들을 진정으로 염려하고, 매일 행하는 행동에서 약속한 가치들을 지키고, 그 조직이 윤리 문제를 제대로 다루고 있다고 직원들이 느낀다면 이는 성공으로 이르는 지름길에 들어선 것이나 다름없다.

제임스 콜린스James Collins와 제리 포라스Jerry Porras는 공동 저술한 경영서 『성공하는 기업들의 8가지 습관Built to Last』에서 수백 명의 CEO들을 대상으로 업계를 선도하고 있는 회사들을 선정해달라는 설문조사를 하였다. 조사 결과 각 업계를 대표하는 18개 기업 모두가 이윤추구뿐 아니라 이상의 실현도 중요하게 생각하고 있는 것으로 밝혀졌다. 이 18개 기업 중 단지 7개 기업만이 주주이익의 극대화를 조직의 목표로 명시하고 있었다. 로스앤젤레스에 위치한 SCA 컨설팅은 《포춘》지 선정 500대 기업 중 60개 기업을 대상으로 네 가지 주요 기업평가 지표(기업의 평판, 직원수 증가, 기업 이익의 사회 환원 및 사회참여)와 주주 이익과의 상관관계를 연구한 바 있다. 연구 결과 긍정적인 상관관계가 존재한다는 사실을 발견하였다. SCA의 부사장 마이클 핼로란은 이에 대해 다음과 같이 언급했다.

비평가들은 품질을 희생해 비용을 절감하고 직원들에 대한 혜택을 축소하며 고용을 줄이거나 지역공동체 참여를 줄임으로써 단기적인 성공을 이룬 기업들을 예로 들며 이야기하겠지만, 고객, 직원과 지역공동체가 회사에 대해 만족하고 그 회사를 지지할 때에만 장기적인 주주 이익을 실현할 수 있는 것이다.

진실은 언제나 드러나게 마련이다

비윤리적, 불법적이면서 비기독교인적인 행동이 성공적으로 장기 조직전략에 도움이 되었던 예를 하나 들어보라고 여러분에게 물어보고 싶다. 제3부를 시작하면서 인용했던 보리스 옐친의 말은 국가를 이끌든지 기업을 이끌든지 모두 해당되는 말이다. 무력으로 권좌에 앉을 수는 있다. 그러나 권좌가 오래가지는 않는다. 사실 무력으로 건설한 조직의 실례만으로도 책 한 권을 모두 채울 수 있다. 그러나 그 결과를 보여주는 데에는 몇 가지 예만으로도 충분하다.

주식시장에 상장된 기업에서 일해 본 경험이 있는 사람들이라면 분석가들의 기대에 부응해야 한다는 압박과 더불어 주가 상승세를 지속시키고 스톡옵션의 가치를 높이기 위해서 회계자료를 조작하고 싶은 유혹을 받았을 것이다. 반도체 제조업체인 캘리포니아 마이크로 디바이스California Micro Devices는 이런 압박과 유혹을 이겨내지 못했다. 1994

년 회사 고위 경영진은 고객을 기만하고 여러 가지 방법으로 회계장부를 조작하였다. 그들은 수입은 일찍 기장하고 고객이 주문하기 전에 제품을 발송하였다. 고객들이 원하지도 않는 제품을 발송하였고 화물운송업자에게 물건을 보내고는 그것도 매출로 기록하였다. 송장, 고객도 조작하였으며 무조건 반환할 수 있는 권리도 허용하였고 유령회사에 송금을 하였다. 이 와중에서도 그들은 회사 외부의 사람들이 이를 알아채지 못하도록 했고 회사 내부 사람들도 이에 관여하지 않기를 바랐다. 모두 잘못된 일이었다.

증권거래위원회의 조사결과 CEO 챈 디세구다르와 CFO 스티븐 헹크가 형사 기소되었다. 재판 중 상부의 부패, 사람들에게 잘못된 일을 하라고 강요하는 조직문화를 만든 리더들, 그렇지만 수입을 늘려야 한다는 압박 때문에 이를 멈추지 못했던 무력함을 보여주는 진상이 밝혀졌다. 이 부패한 회사는 1994년 3800만 달러의 수입 중 거의 절반을 허위 기재하였다. 배심원 대표는 후에 이 회계부정 사건에 관련된 사람들이 너무 많은데 놀랐다고 밝히며, "우리는 이 회계부정 사건이 일부러 모의해서 생긴 결과가 아니라 수입을 늘려야 한다는 압박에서 시작되었다는 데 의견을 같이한다."라고 말했다. 디세구다르와 헹크는 유죄 판결을 받고 각각 36개월과 32개월의 징역과 상당한 액수의 벌금형을 선고받았다. 1994년 3월 16일 21.25달러에 거래되었던 이 회사의 주식은 증권거래위원회 조사결과 발표 5달 후 5.88달러로 곤두박질쳤다. 이 두 사람이 형을 선고받았던 1998년 무렵에는 주가는 겨우 1.50달러에 불과하였다.

다른 예로는 제너럴 모터스General Motors의 자동차 말리부가 실패한 사건을 들 수 있다. 회사는 이 모델의 연료탱크에 결함이 있다는 사실을 알고 있었다. 회사 경영진은 이 결함을 수리하는 데 차 1대당 2.40달러를 들이는 것보다 법정 소송으로 합의하는 것이 돈이 덜 들 것이라는 결정을 내렸다. 이 결정은 물론 장기적이지도 않고 비용효율적이지도 않은 결정이었다. 캘리포니아 배심원단은 제너럴 모터스에게 차체의 결함으로 인해 심각한 화상을 입은 6명에게 49억 달러를(후에 12억 달러로 조정되었다) 배상하라는 명령을 내렸다. 그리고 포드 모터 컴퍼니Ford Motor Company의 전 CEO 자크 나서의 예도 있다. 그는 포드사에 신모델과 개선 모델의 품질관리 문제로 인해서 2000년 10억 달러 이상의 손해를 입혔으며 성장 계획에 심각한 타격을 입혔다는 사실을 인정하였다. 다음으로는 아처 대니얼스 미드랜드 컴퍼니(Archer Daniels Midland Company, 식품회사)의 고위 임원 세 사람이 자사제품 가격 조작 음모로 인해 징역형을 선고받았던 예도 있다. 그리고 물론 악명 높은 엔론 사태가 있다. 2000년 8월 90달러로 거래되던 엔론의 주식은 2002년 1월 58센트로 폭락했다. 그 이유는 무엇일까? 경영진의 자만, 진실되지 못한 회계관행(제일 점잖은 표현을 쓰자면), 잠재적 위법 행위 등이다.

애리조나 주립대학 법윤리학과 마리안느 제닝스 교수는 이런 회사들이 간과하고 있는 사실을 아주 간단하게 설명한다. "진실은 언제든 드러납니다." 제닝스 교수는 회사들이 회사의 수익 증가가 저질의 제품과 부정직한 고용관행에서 비롯되었다는 사실을 알게 되는 순간을 '진실의 순간'이라고 표현한다. 이 순간 조직이 택하는 길이 그 조직 리더의 진정한 본질을 보여준다. 존스 맨빌(Johns Manville, 건축자재 생산회사)은 1930년대에 석면이 노동자들에게 질병을 야기한다는 사실을 알게 되었을 때 바로 이 진실의 순간에 직면했다. 회사 경영진들은 과학계에서 석면과 질병의 관계에 대한 결과를 공개하지 못하도록 하는 전략으로 이에 대응하였다. 정말 대단한 예가 아닌가? 이와 유사한 예로 키더 피바디Kidder-Peabody가 있다. 회사는 회계 시스템의 결함으로 인해 채권 스왑이 매출과 수익으로 기록된다는 직원의 경고를 무시했던 것이다. 더 최근의 예를 보면 파이어스톤과 포드사는 수많은 전복사고로 인해 해외 시장에서 특정 타이어 모델이 리콜되었다는 사실을 미국 교통부에 보고하지 않아 수많은 법정 소송과 대외적 이미지 실추의 결과를 겪었다. 두 회사는 이로 인해 장기적인 피해를 입게 되었다. 자동차 전문가 브록 예이츠는 이에 대해 "포드사와 파이어스톤사가 미국 대중들에게 완전한 신뢰를 다시 얻게 될 때까지 여러 해가 걸릴 것이다."라고 기고한 바 있다.

이 모든 상황들의 공통분모는 회사들이 문제점에 대해 모두 알고 있었으면서 이를 시정하기 위한 조치를 즉각 취하지 않았다는 것이다. 어떤 회사는 그 문제가 발견되지 않기를 기대했다. 다른 회사는 문제를 제기한 직원을 해고하기도 하였다. 각 회사들은 진실의 순간에 필요한 리더, 윤리적으로 결단력 있게 행동하는 리더, 법적으로 요구되는 것 이상을 하는 리더, 문제 해결을 위해 필요한 모든 일을 윤리적 방식으로 행하는 리더가 없었던 것이다. 즉 회사들은 위기의 순간에 진실성 있게 행동하고 옳은 일을 하기로 결정을 내릴 수 있는 리더가 없었던 것이다.

기독교인으로서 우리는 개방적이면서 정직하고 진실성 있게 행동하는 것을 자연스럽게 생각한다. 이제 제시하는 예들은 황금률을 준수하고 옳은 일을 하는 것이 사업에 좋은 영향을 준다는 것을 보여주는 사례이다.

1980년대 전력 업체들은 석면 사태와 유사한 전자기장 문제에 직면했다. 사람들은 전력시설 근처에 사는 사람들의 건강에 전자기장이 가져올 수 있는 잠재적인 위해에 대해 두려워하고 있었다. 업계는 즉각적이고 광범위한 대응책을 마련했다. 업체들은 전기요금 고지서에 관련 정보를 담아 발송하였고 외부에 이에 대한 연구를 의뢰하였으며 그 결과를 고객에게 공개하였다. 또 소비자와 전문가들에게 이 문제에 대한 연구를 장려하였다. 그 결과 우려는 모두 사라져 버렸다.

다른 예는 존슨 앤 존슨Johnson & Johnson의 CEO 제임스 버크James Burke가 있다. 그는 제품 변조 가능성에 대해 알게 되자 타이레놀 3100만 병을 즉시 리콜해서 파기하였다. 단기적으로 회사는 대중의 불신으로 고통받았지만 결국에는 고객을 모두 되찾을 수 있었다.

존슨 앤 존슨이 문제에 옳게 대처할 수 있었던 이유 중 하나는 회사에 깊이 배어 있는 조직문화 때문이다. 이 조직문화는 1886년 회사 설립 이래로 직원들에게 주입되어 왔던 것이다. 존슨 앤 존슨은 고통과 질병의 완화라는 조직의 목적을 대외적으로 공표해왔다. 1935년 로버트 우드 존슨은 자신의 경영철학이 계몽된 이기주의라고 표현하면서 창립 이념을 다시 한번 재확인하였다. 그는 경영철학을 "고객에 대한 서비스가 첫째요, 직원과 경영진에 대한 서비스가 둘째이고, 주주에 대한 서비스는 제일 마지막이다."라고 설명하였다. 1945년 존슨 앤 존슨은 이 철학을 '우리의 신조'라는 문서로 성문화 하여 지금까지도 사용하고 있다. 일부를 인용하면 다음과 같다.

- 우리는 우리의 첫 번째 책임은 의사, 간호사, 병원, 어머니 등 우리의 제품을 사용하는 모든 사람에게 있다는 것을 믿는다.
- 우리의 두 번째 책임은 우리와 함께 일하는 사람들에게 있다.
- 우리의 세 번째 책임은 우리가 살고 있는 지역공동체에 있다. 우리는 훌륭한 시민이 되어야 하며 훌륭한 사업과 자선사업을 지원해야 한다.
- 우리의 네 번째이자 마지막 책임은 우리의 주주들에게 있다. 사업은 이익을 창출해야 한다.

타이레놀 사태가 발생하였을 때 콜린스와 포라스는 "존슨 앤 존슨은 이 위기상황에 대한 대책에 지침이 되는 문서화된 이념을 가지고 있었다."라고 논평했다. 우리는 기독교인 리더로서 우리 일터에 우리가 가져오는 가장 위대한 것, 즉 복음에 대한 신앙과 어려운 상황에서 우리를 항상 이끌어주는 원칙에 대한 생각을 절대로 잊어서는 안되겠다.

직원들에게 고통을 가져다주는 결정

이미 여러 예에서 보았듯이 옳은 일을 한다는 것은 윤리적으로, 진실성을 가지고 조직의 장기적 이익을 고려하여 행동한다는 것을 의미한다. 선의를 가진 기독교인 리더들 중 많은 사람들은 직원들에게 감정적으로나 재정적으로 고통을 가져다주는 결정을 하는 것이 기독교인으로서의 원칙에 위배되는 일이라고 생각한다. 나는 간단히 그렇게 결정할 문제가 아니라고 생각한다. 나의 견해는 의사결정의 첫 번째 원칙은 항상 조직이 최우선이라는 것이다. 이를 기억할 때에만 리더는 진정으로 고객과 직원, 지역공동체와 주주들의 요구를 만족시킬 수 있게 되는 것이다.

현실적으로 볼 때 결정이 내려지든 내려지지 않든, 결정에는 긍정적인 결과와 부정적인 결과가 모두 따른다. 의사결정자는 항상 어떠한 결정을 함에 있어서 직원, 고객과 지역공동체에 가져올 단기적인 영향과 회사에 대한 장기적이면서 부정적인 영향 사이에 균형을 맞추어야 한다. 기독교인 리더는 그러한 결정을 내릴 때에 기독교적 원칙 그리고 조직에 최선이 될 수 있는 결정을 내려야만 할 의무가 있다. 일단 결정이 내려지면 기독교인 리더는 그 결정에 영향을 받은 사람들을 진심으로 위로하고 그들이 자신의 삶을 재건할 수 있도록 도와주어야 한다.

이와 같이 우리는 예수님의 '달란트의 비유'(마태 25:14-30)에서 배운 교훈을 실천하는 것이다. 비유를 보면 하나님의 하인들은 하나님이 우리에게 주신 달란트를 배가하여 신실한 종이 되라는 가르침을 받는다. 기독교인 리더로서 우리도 두 가지 능력을 받았다. 우리 조직을 성장시키는 것과 우리로 인해 인생에 영향을 받는 우리 동료들을 공정하고 진심으로 대하는 것이다. 조직을 최우선시 하고 조직과 그 조직에 관계된 모든 사람들을 최상의 상태로 유지하는 것은 달란트를 배가하는 데 가장 효과적인 방법이다.

예를 들어, 외부 환경의 변화로 인해 외국에 생산기지를 세우거나 현재의 사업 분야에서 손을 떼야 하거나 교육 부서나 비효율적인 공장의 폐쇄에 대해 고려해봐야 하는 경우가 생기기도 한다. 아마도 가장 어려운 결정은 훌륭히 임무를 수행하고 있는 직원을 내보내야 하는 경우이다. 불행히도 이는 리더들이 모두 공통적으로 겪는 딜레마이다. 그러나 불가피한 상황에서 적절한 방식으로만 시행된다면 다운사이징은 조직이 직면한 도전에 필요한 대응책이 될 뿐 아니라 기독교인으로서의 대응책도 될 수 있다.

얼라이드 시그널(Allied Signal Inc., 첨단소재업체)사의 전 CEO 로렌스 보시디는 "워싱턴 경제 클럽Economic Club of Washington에서 고용 명부에 직원을 몇 명이나 올릴지 결정하는 것은 경영진이 아니라 고객들이다. 고객이 늘지 않는다면 우리는 회사 전등을 다 끄고 집으로 돌아갈 수밖에 없다."라고 이야기했다. 포드사의 자크 나서는 "선택의 상황에서 4개의 일자리를 살리기 위해서 2개의 일자리를 줄인다."라고 말했다. 때때로 생산기지를 외국으로 옮기는 것이 오히려 국내의 일자리를 보존하는 데 도움이 되기도 한다. 프루트 오브 더 룸(Fruit of the Loom, 속옷제조업체)사와 리바이 스트라우스Levi Strauss사는 이 사실을 너무 늦게 깨달았다. 분석가들에 의하면 이 두 업체가 1990년대에 공장을 멕시코나 아시아로 옮겼다면, 생산기지를 먼저 해외로 옮긴 다른 업체들과 보다 효과적으로 경쟁할 수 있었을 것이라고 한다. 그들의 본래 의도는 국내에 있는 일자리를 보호하려는 것이었고 이는 충분히 존경받아 마땅하다. 그러나 국내 생산기지를 유지하려던 결정으로 인해 장기적으로는 직원들이 더 큰 고통을 겪었다.

위에 언급한 로렌스 보시디의 말은 진실을 담고 있기는 하지만 정리해고는 또한 비효율적인 리더십의 불행한 결과일 수 있다. 일반 사원들은 잘못된 경영진의 결정으로 인해 너무 자주 일자리를 빼앗겨 왔다. 물론 고객 취향의 변화나 예기치 못한 경기 침체로 인해 장기적으로 조직의 성공을 위해 정리해고가 불가피한 경우도 있다. 예를 들어, 고객 취향의 변화로 인해 우리 조직은 몇 개의 양로원을 매각해야 했었다. 연구 결과에 기초하여 우리는 소비자들이 전통적인 양로원 형태보다는 보다 새로운 시설, 생활 보조 서비스, 가정 보건 서비스와 같은 서비스를 선택할 것이라고 전망했다. 전략적으로 계획을 세우면서, 향후 10년간 전통적인 형태의 노인 대상 서비스를 제공할 능력이 있다고 판단한 우리는 우리 조직과 이념이 같은 기관에 양로원 시설과 직원들을 이전시켰다. 우리는 동시에 새로운 소비자 취향에 부응하면서 노인 대상 서비스 영역 확대를 위해 다른 종류의 기술과 자격을 갖춘 직원을 확충했다.

이 같은 방식으로 해고와 채용을 동시에 하는 것을 '휘젓기Churning' 과정이라고 한다. 《월스트리트 저널》은 이에 해당하는 공중전화기 제조업체인 엘코텔Elcotel, Inc.의 예를 보도하였다. 휴대전화 사용 인구가 폭증함에 따라 공중전화는 더 이상 쓸모가 없게 돼버렸다. 그 결과 엘코텔은 공장 중 한 곳을 닫았고 70명의 직원을 해고하였다. 동시에 이 회사는 제품을 시장에 더욱 어필하면서 경쟁력을 갖도록 개선하기 위해서 엔지니어와 소프트웨어 개발직원을 고용하였다. 필요한 기술이 전혀 달랐기 때문에 이미 구식이 되어버린 전화기 생산에 종사하던 직원을 계속 일하게 하는 것은 불가능하다는 판단을 한 것이다. 이 회사의 CEO 마이클 보일은 이에 대해서 "시간당 임금 8달러의 부품 조립공과 연봉 10만 달러의 소프트웨어 엔지니어 사이의 차이입니다. 양쪽의 기술은 호환되는 것이 아닙니다."라고 이야기했다.

그럼 엘코텔의 결정은 회사가 처한 경제적 위기에 윤리적으로 대처한 것인가? 그렇다. 황금률의 원칙에서 볼 때, 정리해고된 직원들이 정당하고 온정적으로 대우를 받는 한은 그렇다. 엘코텔의 계획은 현재 직원뿐 아니라 미래 직원에게도 도움이 될 어려운 결단을 혁신적으로 내림으로써 전략적으로 향후 몇 십 년간의 고객의 요구를 충족시켰을 뿐 아니라 장기적으로 조직을 강화하는 결정이었다.

우리 자신의 조직에서 그러한 결정에 대해 고려할 때, 우리는 타협

할 수 없는 기독교적 가치관을 따라야만 한다. 이 시기 동안 나는 예언자 스가랴를 통해 하나님께서 하신 말씀을 따랐다. "너희는 공정한 재판을 하여라. 서로 관용과 자비를 베풀어라."(스가랴 7:9) 이렇게 행동하려면 우리는 솔직하게 우리가 처한 상황을 판단하고 미래를 위해 과거의 성공과 실패에서 교훈을 배워야 한다. 해고와 관련된 어떤 결정이라도 이를 시행하기 전에, 우리는 기도하는 마음으로 고위 경영진의 급여 삭감을 포함한 모든 가능한 다른 옵션들도 생각해 봐야만 한다. 그리고 이 결정으로 인해 직접적인 영향을 받게 되는 사람들이 황금률의 원칙에 따라, 우리 스스로에게 관용과 자비를 베풀듯이, 대우받고 있는지를 확실히 해야 한다.

경기 침체 기간 동안, 무조건적으로 직원들을 정리해고 하는 것은 조직에 도움이 되기보다는 해가 된다. 연방 준비제도 이사회 전 부의장 앨런 블라인더는 이 결론을 뒷받침하는 몇 가지 연구 결과를 인용하였다. 그는 대규모 정리해고를 선언한 기업들은 향후 3년간 실적이 부진하다는 사실을 발견하였다. 왓슨 와이어트 월드와이드의 조사 결과도 유사한 결과를 보여준다. 1990년 침체기 동안 규모를 축소한 기업들 중 50퍼센트 미만의 기업들이 수익 목표를 달성하였다. 또한 단지 32퍼센트의 회사들만이 경쟁력이 강화되었고 21퍼센트만이 비효율성을 감소시켰다는 결과가 밝혀졌다.

조직이 직원들을 정리할 때, 리더들은 남아있게 될 사람들의 요구는 생각하지 못하는 경우가 많다. 이런 실수는 아마도 남아있는 직원들이 자신들은 일자리를 지킨 행운아라는 생각에 계속 회사에 충성할 것이라는 잘못된 생각에서 비롯된 것이다. 이런 상황에서는 사기 저하가 일어나며 훌륭한 직원들이 회사를 떠나고 소수의 사람들이 남아서 업무를 과도하게 수행하게 된다. 사기가 떨어지면서 생산성도 저하된다. 과중한 업무로 인해 직원들은 자신의 최고 역량을 발휘하지 못하게 된다. 직원들을 해고하려는 결정을 할 때에는 해고당한 직원들이 겪게 될 혼란뿐만 아니라 남은 직원들에게 필요한 것이 무엇인지도 고려해 보아야 한다. 이 과정은 직원들의 충성심을 유지하고 조직의 상황을 개선하기 위한 것이다.

일부 기업들은 2001~2002년 사이의 경기 침체 기간을 이용하여 실적이 낮은 직원들과 부서를 조용히 가지치기하였다. 다른 기업들은 직원들과 의사소통을 원활하게 하여 의사결정이 어느 정도까지 이뤄지고 있으며 인원감축이 언제 이루어질 것인지를 직원들이 분명하게 알 수 있도록 하였다. 이에 대한 좋은 예가 찰스 슈왑사이다. 찰스 슈왑은 고위 간부들의 급여를 삭감하고 30~50퍼센트의 직원에게 금요일에 휴가를 내라고 권유하는 방법으로 정리해고를 최대한 피하고자 하였다. 슈왑의 대변인 글랜 매티슨은, "먼저 정리해고에 의지하게 되면 충성심이나 사명 공유 의식은 생겨나지 않습니다."라고 설명한다. 약 2달 뒤 고객의 수요가 급감하였기 때문에 슈왑은 일부 직원들을 떠나보내는 다음 단계의 조지를 취해야만 했다. 조직이 장기적으로 재정적 건전성을 유지하려면 다른 조치가 필요했다. 이때 찰스 슈왑과 그 아내가 아주 인상직인 행보를 보였다. 그들은 1,000만 달러의 자금을 마련하여 해고된 직원들 중 학교로 돌아간 직원들에게 2년간 연 1만 달러까지 학비를 되돌려주는 프로그램을 마련하였다. 슈왑은 옳은 일을 하였을 뿐 아니라 그들은 조직이 전직원이나 현직원 모두를 염려하고 있다는 명확한 메시지를 전달하였던 것이다.

《월스트리트 저널》은 최근 어려운 시기에 황금률을 시행하려고 노력한 회사들에 대한 이야기를 연재했다. 게트로닉스 가번먼트 솔루션 Getronics Government Solutions사는 500여 개의 일자리 중 70개의 일자리를 줄여야만 했다. 이 회사는 가능한 한 인간적인 방법으로 이를 처리하고자 하였다. 최고경영진들은 50일간 이 소식을 부드럽게 전하는 방법과 직원들의 감정적인 반응에 대처하는 방법을 훈련받았다. 그들은 이직 상담을 제공하고 업계 기준보다 상당히 많은 퇴직금을 지급하였으며 여성이나 소수 민족들만 피해를 받지 않도록 하였다. 게트로닉스에서 추가적으로 취한 조치에는 15만 달러의 추가 비용이 들었다. 이 비용을 들여 그들이 얻은 것은 무엇이었을까? 이러한 조치는 남은 2,430명의 직원들에게 '이 조직은 직원을 진정 인간으로 대하는 회사구나'라고 마음에 깊이 남을 강한 인상을 남겼다. 게트로닉스의 결정의 이득은 시간이 지나면 알게 될 것이다. 나는 게트로닉스의 15만 달러의 투자가 높아진 사기, 생산성 증가, 충성심 강화, 높은 직원 유지율 등의 형태로 몇 배가 되어 돌아올 것이라고 믿어 의심치 않는다. 회사는 리더들이 정리해고를 준비하기 위해서 들인 15만 달러가 단기적인 비용이 아니라 장기적인 투자라는 사실을 아주 명확하게 보았던 것이다. 이는 옳은 일이었을 뿐 아니라 조직에도 득이 되는 일이었다.

또 다른 훌륭한 예로는 제약회사 머크Merck가 있다. 이 회사는 사상충증 치료제 멕티잔을 개발하여 개발도상국의 수백만 환자에게 무료로 배포하는 사업을 펼쳤다. 계속해서 약품을 공급하는 데 상당한 재정적 손실이 있다는 사실을 알았지만 머크는 계속해서 계획을 고수했다. 이것은 옳은 일이었고 회사에 재정적인 여유가 있었기 때문이었다. 옳은 일이 수많은 사람에게 도움이 될 뿐 아니라 조직에 장기적인 가치를 더해주기 때문에 머크는 그러한 결정을 했던 것이다.

물론 모든 회사가 게트로닉스나 머크처럼 많은 비용을 흡수할 수 있을 만큼 형편이 좋은 것은 아니다. 여러 가지 이유 때문에 이런 상황에서 비슷한 조치를 취하지 못하기도 한다. 그러나 기독교인 리더들은 승자와 패자를 매일 만들어내는 시장경제에 참여하고 있고 이 안에서 매일 결정을 내려야 하며 모든 행동에 있어서 황금률을 따르고 진실하게 행동해야 할 책임도 가지고 있다. 리더는 그가 내리는 결정이 실제 사람들에게 큰 영향을 미친다는 점을 절대로 잊어서는 안 되며, 조직과 모든 직원들에게 가져다 줄 즉각적인 고통과 장기적인 안녕 사이의 관계를 판단하는 방법을 배워야만 한다.

가치관과 목적에 대해 명확히 이해를 하고 있는 조직은 근시안적인 결정을 강요하는 압박에 훨씬 더 잘 견딜 수 있으며 장기적으로 조직에 가치를 더하는 데 집중하게 된다. 진실성 있게 행동하는 조직은 경쟁력 면에서도 명백하게 우위를 지킨다. 근해 원유 시추회사인 보큰캠프 드릴링 컴퍼니Bokenkamp Drilling Company의 창설자 겸 CEO 돈 보큰캠프는 쉐브론Chevron사의 사장으로부터 다급한 전화를 받은 적이 있었다. 그는 보큰캠프에게 지금 당장 근해 유전에 시추작업이 필요하니 내일 당장 시추작업을 시작할 수 있는지 물어보면서 보큰캠프에서 작업을 마친 후 청구하는 금액은 얼마든지 쉐브론사에서 지급하겠다고 약속했다. 보큰캠프 드릴링 컴퍼니가 높은 작업 품질과 조직의 진실성으로 명성을 얻지 못했다면 이런 전화는 받지도 못했을 것이다.

공장의 해외 이전의 윤리적 문제

경제의 세계화로 인해서 리더들은 더욱 많은 윤리적인 도전에 직면하게 되었다. 글로벌적인 생산체계에서 보다 싸면서 그 나라의 특성에 맞는 수준의 임금을 지불하기 위해 나라 밖으로 제조 공장을 옮길 필요가 있을까? 그리고 이는 윤리적으로 합당한 일일까? 나의 개인적 견해는 일부 경우는 그렇다는 것이다. 제조 공장을 해외로 옮기려고 결정하게 되면 노조나 정치인, 종교 및 기타 이익집단 등의 반대를 받게 된다. 이에 대한 나의 의견은 그러한 조치는 현재 세계 경제 상황에서 어쩔 수 없는 조치라는 것이다. 적절하게만 시행된다면 공장을 외국으로 옮기려는 결정은 국내적으로나 국제적으로 모두 이득을 가져온다. 계획이 적절하게 실행되면 궁극에는 세계 경제뿐 아니라 자국인에게까지 긍정적인 결과를 낳게 된다. 하지만 옮기지 않기로 결정한 회사는 그 업계나 다른 회사들의 생산 비용 수준에 맞추지 못하게 되고 시장점유율을 잃게 되거나 폐업하게 될 수도 있다.

그러나 해외 생산 공장에서 무슨 일이 일어나는지 눈을 감고 있어서는 안 된다. 한 예로, 나는 나이키가 해외 노동자들도 인간적으로 대우받도록 해야 할 윤리적 의무를 준수했다고 생각하지 않는다. 한때, 45만 명이나 되는 아시아인 노동자들이 나이키 운동화를 생산했었다. 그러나 아시아에 있는 공장의 근무 환경은 개탄스러운 수준이었다. 성적인 학대, 비인간적인 근무 환경, 최저 수준의 임금(특정 지역의 수준으로 계산했을 때), 13살밖에 되지 않은 소녀가 1주일에 60시간 이상이나 일한다는 사실이 널리 알려졌다. 이런 환경은 연간 40억 달러 이상의 운동화 매출을 올리는 회사로서 비양심적인 일이었다. 나이키는 잘못된 방식을 선택했기 때문에 부정적인 언론 보도와 대중의 비난, 직원 사기의 저하, 법정 소송과 불매운동에 직면해야 했다. 나이키와는 반대로 장난감 제조사 마텔Mattel은 다른 방식을 선택했다. 최근 마텔은 전 세계적 제조 원칙을 제정하였는데 이 원칙은 특히 해외 공장에 대한 조건과 금지사항을 다루고 있다. 이 원칙은 어린이 노동, 주당 40시간의 근무시간, 노조 결성 권리 등에 관한 문제를 명시하고 있다. 마텔은 옳은 방식으로 일하는 것이 조직의 장기적 성공에 득이 된다는 사실을 명확하게 이해하고 있었다.

환경문제와 기업의 장기적 이익

환경문제에 신경을 쓰면서 리더십의 황금률을 실천하는 것은 기독교인 리더들이 옳은 일을 하고 동시에 사업을 발전시킬 수 있는 또 다른 방법이다.

카펫과 바닥재를 생산하는 중소기업 인터페이스Interface사가 그 예이다. 이 회사의 CEO 겸 회장 레이 앤더슨은 폴 호켄의 『비즈니스 생태학The Ecology of Commerce』이 자신에게 큰 영향을 주었다고 말한다. 이 책은 산업활동으로 인해 생긴 생태 파괴문제를 다루고 있다. 앤더슨은 인터페이스가 생태학적으로 운영되는 회사로 변환해야 할 도덕적 의무를 가지고 있다고 생각했다. 인터페이스는 공장과 생산과정을 재설계하였고 카길 다우(Cargill Dow, 카길과 다우 캐미컬이 합작 설립한 농업생산물 공급업체)와 협력하여 석유 화합물을 식용성분의 화합물로 교체하였다. 이 회사는 또한 그 전환 과정을 평가할 수 있는 객관적 평가 방법도 개발하였다. 앤더슨은 말한다 "1달러의 수입을 창출하기 위해서, 납품업자들을 포함해서 우리가 지구로부터 채취한 물질의 총량과 우리가 사용한 에너지의 총량을 모두 계산합니다. 그 결과 지난 5년간 달러당 소비한 물질과 에너지 총량이 1.59파운드에서 1.21파운드로 줄어들었습니다."

인터페이스는 이와 같은 긍정적인 효과를 기대하고 이런 선택을 한 것이 아니라 지구 환경을 지키는 것이 사업에도 이득이 된다는 굳은 신념이 있었기 때문이었다. 소비자들 또한 환경에 대한 인식을 같이 하였기 때문에 경쟁업체보다는 인터페이스의 제품을 선택하기 시작했다. 인터페이스의 결정은 이보다 더 엄청난 결과를 가져왔다. 소비자들이 다른 경쟁업체들에게도 이와 같은 환경적인 개혁을 실천하도록 압력을 가했고 그렇지 않았던 회사들은 결국에 시장에서 밀려났다.

이러한 실례들뿐만 아니라 전 세계적, 환경적 관점에서 옳은 일을 하는 것은 기업에도 득이 된다는 사실이 이미 증명되었다. 최근 미시간 주립대학은 개도국에 생산 시설을 두고 있는 미국의 주요 광업 및 제조업체 89곳의 주가 실적을 분석하는 연구를 후원하였다. 이 연구에 의하면 엄격한 세계 환경 기준을 시행하는 회사들은 느슨한 환경 기준을 사용하고 있는 회사들보다 시장평가액이 80퍼센트(실물 자산의 시장 가치와 비교하여)가 더 높았다. 월스트리트에서 엄격한 세계 기준을 준수하는 회사를 더 선호하는 이유에 대해 논의하면서, 이 보고서의 저자는 평판이 나쁘거나 현지 기준의 변화를 예측하지 못하는 회사는 장기적으로 수익이나 성장에 피해를 볼 수 있다고 지적했다. 높은 환경 기준을 세우게 되면 직원들의 사기가 높아지며 조직의 운영 전반에 새로운 기술을 빠르게 확산시킬 수 있다. 이 보고서의 저자 중 한 사람인 버나드 융은 "현지의 느슨한 환경 규제의 유혹을 이기지 못한 회사들은 단기적인 이익이 장기적인 고통을 가져오게 된다는 사실을 알게 될 것이다."라고 지적했다.

CHAPTER 3

비전 있는 행동으로 옳은 일을 하라

크거나 작거나, 좋거나 나쁘거나 매일 또는 때때로, 우리는 조직문화를 형성하는 많은 행동을 취한다. 뉴욕 스쿨 리더십 아카데미의 설립자이자 전 원장 로레인 몬로는 이렇게 이야기한다. "만일 당신이 어떤 일을 하겠다고 말한다고 치자. 그럼 그 말 뒤에 당신 회사는 어떤 행동을 하여 그것을 현실화하는가?" 몬로는 이런 행동을 '비전 있는 행동'이라고 칭한다. 이런 행동들은 조직을 대내적으로나 대외적으로 규정할 수 있다.

비전 있는 행동으로 여겨지려면, 도덕적으로나 윤리적으로 옳은 일을 하려는 열망에 의해 시작된 행동이어야만 한다. 우선 자신이 옳은 일을 해야 한다는 사실을 직관적으로 알고는 있었지만 그 이유를 몰랐던 리더에 대한 예를 이야기하겠다. 젊은 시절 나는 시카고 시내에 위치한 로펌에서 변호사로 일했다. 그 로펌의 관리담당 파트너 변호사는 회사의 사명을 추구하기 위해서 중심 가치관을 세우는 것보다는 회사의 단기적 수익에 더욱 신경을 썼다. 어느 날 그는 나와 동료 변호사를 그의 사무실로 호출했다. 우리 두 사람은 당시 로펌 고객 중 일부에게 자주 식사와 술을 대접하고 있었다. 그는 우리에게 이런 충고를 했다. "모든 사람들이 몇잔 마시고 나면 그렇듯이 '아가씨를 부를까요?' 라는 제안이 나오게 될 것이네." 동료와 나는 멍해져서 서로를 바라보았다. 그는 계속해서 이야기했다. "나는 자네들에게 무엇을 하라고 지시하려는 것이 아니네. 하지만 이점은 명심하게. 만약 아가씨를 부르면 재미는 보겠지. 그리고 다음날 그 고객은 자네에게 전화해서는 전날 얼마나 재미있었는지 이야기할 걸세. 하지만 다시는 자네에게 '큰' 사건은 맡기지 않을 걸세."

우리의 상관은 여자를 사는 행동의 도덕성을 염려한 것이 아니었다. 그는 큰 사건을 맡기 위해서는 단지 도덕적으로 행동하는 것처럼 보여야 한다고 충고하였던 것이다. 그 얼마 후, 그 동료와 나는 결국에는 그 로펌을 떠나게 되었는데 이유 중 하나는 우리의 개인적 윤리관과 최고 리더들의 윤리관 사이에 갈등이 있었기 때문이다. 이 파트너 변호사는 단지 진실성 있게 보이는 것이 아니라 진정한 진실성에 가치를 두는 문화를 개발해야만 조직이 능력을 최대한 발휘할 수 있다는 사실을 이해하지 못했던 것이다. (여담으로 얘기하자면 그 로펌은 수익성 있는 고객이 줄어들어 해체되었다. 확실히 진실성 있는 척하는 것이 사업 유지에는 충분치 못했던 것 같다. 사람들을 잠시 속일 수는 있지만 오래는 불가능하다.)

반면에, 그리스도 중심의 비전 있는 행동은 다음에 소개하는 두 가지 예에서 볼 수 있는 것처럼 조직에 긍정적인 영향을 준다.

애리조나 주립대학 미식 축구팀 코치였던 존 매코비치는 코치를 시작한 지 얼마 되지 않아서 일리노이 주립대학의 최고 코치로 이전했다. 거기에서 그는 종종 반칙 플레이를 펼치는 것으로 소문이 난 팀을 승계받았다. 매코비치는 이 조직문화를 받아들이지도, 눈감아 주지도 않았다. 팀을 맡은 후 처음 봄 훈련기간 동안, 그는 정정당당한 게임의 중요성에 대해, 선수들과 스태프가 경기장 안과 밖에서 어떻게 행동해야 하는지에 대해 반복해서 이야기했다. 그리고 규칙을 무시하는 행동은 용납하지 않을 것이라는 사실을 분명하게 주지시켰다. 첫 시즌 초반, 팀은 여전히 시험에 들었다. 위스콘신 대학과의 게임 2쿼터에 위스콘신 팀이 일리노이 팀 수비지역 깊이 들어오고 있었다. 연속해서 두 번이나 일리노이 선수는 상대 선수를 다치게 하려는 목적으로 개인 반칙을 범했다. 매코비치는 재빨리 타임아웃을 요청했고 전체 선수들을 불러모으고 분명하게 이야기했다. "이런 플레이는 우리의 플레이가 아니다. 우리는 정정당당한 팀이고 다른 사람이 우리를 존중하기 전에 우리가 우리 자신을 존중해야만 한다." 수비조는 경기장으로 돌아가 깨끗하게 위스콘신의 공격을 막았고 결국 그 경기에서 승리했다. 일리노이 팀과 관련된 사람들은 그때 매코비치의 행동이 일리노이 스포츠 프로그램의 토대가 되는 정정당당함의 문화를 이끌어낸 비전 있는 행동이라고 칭송하고 있다.

최근 미국 경영 협회에서 주최한 최고경영자 코스에서 나는 대형 기계류를 생산하는 공장의 사장으로 2년 전 채용된 사람을 만났다. 그가 채용되었을 때 회사의 재정상태는 막다른 곳에 몰려 있었다. 2개월

뒤 회사의 조립 라인에 문제가 생겼다. 작업반의 반장은 24피트 길이의 5만 달러짜리 트레일러의 용접에 문제가 생겼다고 이야기했다. 반장은 취할 수 있는 조치가 두 가지라고 말했다. 첫 번째는 다시 용접을 하고 용접이 잘못된 부분은 페인트를 칠해서 감추는 것이고 두 번째는 최종 제품에는 별 다른 점이 없으니 잘못된 용접을 그냥 놔두고 고객이 발견하지 않기를 바라는 것이다. 신임 사장은 세 번째 옵션이 있다고 말하면서 용접용 발염기를 달라고 한 후 직원들이 모두 보는 앞에서 트레일러를 반으로 동강내버렸다. 반장은 놀라서 "이제 어떻게 하라는 말입니까?"라고 외쳤다. 사장은 이에 "이 트레일러는 고물 더미에 버려버리고 새로 시작합시다."라고 대답했다.

그 사장은 사무실로 돌아가면서 마음이 몹시 불편했다고 나에게 고백했다. 회사에 새로 트레일러를 만들 자재나 인건비를 감당할 능력이 없다는 것을 알았기 때문이다. 그럼에도 불구하고 그는 장기적으로는 품질을 최우선 목표로 할 때에만 회사가 성공할 수 있을 것이라는 사실을 알았기 때문에 이런 비전 있는 행동을 했던 것이다. 그는 자신의 생각을 납득시키는 과정에서 5만 달러 가치의 제품을 완전히 부수어버렸다. 그러나 이 미담은 이때 이래로 모든 신입 직원에게 전설처럼 이어졌다. 그 사장은 이 이야기를 끝내면서 그 이후로는 공장에서 품질과 관련된 문제는 한번도 없었다는 사실을 덧붙였다. 여기에서 우리는 직업적으로나 개인적으로나 자신의 비전 있는 행동은 결국에는 보상을 받는다는 교훈을 얻을 수 있다.

모든 상황이 앞에서 이야기한 예처럼 극적이지는 않다. 비전 있는 행동을 할 수 있는 기회는 청구 금액을 실수로 적게 기록한 납품업자의 송장을 고치는 것과 같이 일상적인 일이 될 수도 있다. 그렇지만 중요한 것은 우리의 행동에 일관성이 있어야 한다는 것이다. 제2부에서도 언급하였듯이 섬기는 리더십은 가장할 수 없는 것이다. 이런 미담을 만드는 것 또한 우리의 행동으로 미담을 뒷받침할 수 있어야 하며, 그러기 위해서는 삶이나 동료 직원들과의 관계에서 일관된 모습을 보여주어야 한다. 또한 항상 공을 나누고, 비전 있는 행동은 어떤 것도 우리의 품위를 떨어뜨리지 않는다는 사실을 기억하며, 원한이나 성격 차이는 없애고, 험담은 하지 않고, 답을 모를 때 이를 인정하는 것을 두려워하지 말아야 한다. 다시 말하자면 진실성 있게 행동하고 황금률을 지키자는 것이다.

CHAPTER 4

고객을 위해 옳은 일을 하라

기독교인으로서 우리 주변 사람들의 삶의 질을 향상시키고자 하는 것은 당연한 일이다. 다시 한번 얘기하자면, 고객을 중시하며 황금률을 따르는 것은 경영적인 면에서도 훌륭한 일이다. 오늘날 빠르게 움직이는 세계에서 가장 답답한 일 중의 하나는 비행기표를 사는 일이다. 대부분의 항공사에서는 같은 날, 같은 목적지의 같은 자리의 가격을 149달러에서 1,199달러까지 다르게 적용하고 있다. 항공사는 주말에는 경유지에서 하룻밤을 지내야 한다거나, 최소 3주 전에 구매를 해야 한다는 규정을 제멋대로 적용하고 있다. 쌓아 놓은 마일리지가 많은가? 그렇더라도 성수기에 인기 있는 여행지로 가는데 마일리지를 사용할 꿈은 꾸지도 말아야 한다.

한 항공사는 이와는 달랐다. 사우스웨스트 항공은 직원들이 고객을 사랑하도록 하는 조직문화를 세웠다. 이 회사는 그들이 가진 가치관에 따라 고객들을 갈취하기 위해 만들어진 규정을 시행할 수 없다는 이야기를 공공연히 하였다. 다른 항공사와는 달리 사우스웨스트는 각 항공편마다 보통 편도 99달러에서 225달러 사이의 세 종류의 요금만 적용하였다. 이 회사는 또 고객들이 어떤 요금으로 여행할 것인지 결정하기 쉽도록 하였다. 전화를 걸거나 웹사이트에 접속하면 세 종류의 요금에 따른 예약 가능한 좌석을 볼 수 있다. 고객들에게 좌석 가격에 대한 정보를 완전히 공개하는 것이다. 보너스 항공권을 얻을 수 있을 정도로 마일리지를 모았다면 매년 공시되는 사용 금지기간 5회를 제외하고는 원하는 때 원하는 도시행 비행편을 예약할 수 있다. 어느 가격대이건 빈 좌석이 있으면 그 좌석을 차지할 수 있다.

사우스웨스트가 이렇게 할 수 있었던 이유는 무엇일까? 사우스웨스트는 2001년 9·11 사태 후에도 유일하게 수익성을 유지하면서 정리해고도 하지 않은 항공사였다. 사우스웨스트는 고객 만족과 충성도, 그리고 주주 이익은 모두 함께 한다는 사실을 확실히 이해하고 있었기 때문이다. 노스웨스턴 대학 켈로그 스쿨의 마케팅학 담당 스티븐 버네트 교수가 이를 가장 잘 설명하고 있다. "회사를 수익에만 급급하여 운영한다면 진정으로 큰 목적을 잃어버릴 수 있다." 사우스웨스트가 매일 추구한 사명은 옳은 일을 하는 것이었으며 황금률에 따라 고객을 대하는 것이었다.

모든 조직은 고객을 대하는 업무를 하고 있다. 그렇지만 고객이나 직원을 위해서 옳은 일을 해야 한다는 사실을 잊고 있는 회사들이 너무도 많다. AT&T는 고객 만족의 중요성에 관심을 기울여야 한다는 사실을 잊어 대가를 톡톡히 치른 회사이다. AT&T의 사업 부문은 1999

년 당시 600만 명의 고객을 보유하고 전체 회사 수입의 거의 절반을, 수익의 절반 이상을 가져오고 있었다. 그러나 1999년에서 2000년까지 AT&T는 수익 및 주주 이익 향상을 위해 비용을 줄이고 수천 명의 고객 서비스센터 직원을 해고하였다. 그 결과 고객들은 서비스센터에 전화를 해도 상담원과 통화를 할 수 없었고 서비스를 받는 데 몇 개월이나 걸리기도 하였다. 성장은 멈추었고 펩시, 미국 연방정부, 페이퍼마트와 같은 대형 고객들 또한 AT&T와 거래를 줄이거나 완전히 끊었다. 통신 컨설턴트 테리 스미스는 이렇게 이야기한다. "내가 알고 있는 고객 거의 모두가 AT&T와의 거래를 끊거나 저에게 다른 업체를 소개해 달라고 하고 있다. AT&T와 거래를 늘리려는 사람은 아무도 없다."

주주들은 어떻게 되었을까? 1999년 2월 AT&T 주가는 63달러였지만 8월에는 29달러로 폭락했다. 2002년 6월 10달러로 완전히 곤두박질쳤다. 이와 정반대로 행동한 기업이 있었다. 선 마이크로시스템즈 Sun MicroSystems사의 사장 겸 CEO 스콧 맥닐리는 2001년 4월 CNBC와의 인터뷰에서 하이테크 산업의 침체 속에서 성장하는 방법에 대해 이렇게 이야기했다. "우리 직원들이 우리의 비즈니스입니다. 2001년 순수익이 낮아진다 해도 직원들을 정리하지 않기 위해 할 수 있는 일은 모두 할 것입니다." 경기침체 기간 동안 선 마이크로시스템즈가 확실히 힘든 시기를 보내기는 했지만 회사는 장기적인 목표를 정확히 지키고 있었던 것이다.

또 다른 제대로 하지 않은 회사들로는 순식간에 부자가 된 인터넷 벤처기업들이 있다. 이들은 고객에게 장기적이며 진실한 가치를 제공하지는 않고 주식시장에만 관심을 기울였다. 몇몇 인터넷 벤처들은 장기적 계획이나 인내심, 건전한 문화를 창출할 자원이나 경쟁력 있는 비즈니스 모델을 가지고 있지 않았다. 빠르게 실적만 내려고 하였기 때문에 투자자들은 많은 피해를 보았고 직원들은 일자리를 잃었으며 불만에 가득찬 고객들만이 뒤에 남았다. 이 회사들은 주식 공모로 돈을 벌었을 수는 있었지만 훌륭한 유산을 남길 만큼 오랫동안 지속되지 못했다. 근시안적인 회사들은 투자자들의 돈을 날리고, 직원들의 인생에 큰 혼란을 가져왔으며 고객들에게 제대로 봉사하지도 못했고 사회에 기여한 바도 거의 없었다.

텍사스 오스틴에 위치한 넷플라이언스Netpliance사 또한 잘못된 전략의 예를 보여준다. 이 회사는 인터넷 접속과 이메일 전용의 간단한 컴퓨터를 개발하고 제조하는 회사였다. 이 회사는 1999년 상장되었는데 최초 공모시 1억 4,400만 달러를 모았으며 시가총액이 10억 달러를 넘었다. 2001년에 이 회사의 주식은 1주당 몇 센트에 거래되었다. 넷플라이언스는 약속한 고객 서비스도 중단한 채 불만에 가득찬 수천 명의 고객과 많은 돈을 잃은 투자자들만 남겨놓았다. 이 회사의 어느 전직원은 말한다. "회사가 고객에게 등을 돌린 것이나 다름없었습니다."

이 일과 휴렛팩커드 공동설립자 윌리엄 R. 휴렛William R. Hewlett이 했던 이야기를 비교해보자.

내 인생에서 해온 일을 돌아볼 때, 나는 가치관에 따라 회사를 운영했다. 그 성공으로 인해서 전 세계의 회사들이 운영하는 방식에 많은 영향을 주었다는 사실이 기쁘다. 그리고 특히 내가 떠난 후에도 계속

해서 역할모델로서 남을 수 있는 조직을 남기고 떠난다는 것을 더욱
자랑스럽게 생각한다.

CHAPTER 5

전문 커리어 개발에도
옳은 일을 행하라

　나는 조직 내에서 옳은 일을 행하는 것만큼이나 자신의 전문 커리어에 관한 결정을 할 때에도 옳은 일을 하는 것이 중요하다고 굳게 믿고 있다. 우리 일상생활 전반에 적용되는 기독교적 가치관이 이 부분에도 적용되어야 하는 것이다. 앞에서 나는 옮긴 지 몇 달 되지 않은 자리에 남아 있어야 할 것인가, 아니면 엄청난 봉급 인상에 스톡옵션까지 제공하는 다른 회사로 자리를 옮겨야 할 것인가를 결정하는 문제에 관해 언급한 바 있다. 이것은 1990년대 말 실리콘밸리의 상황이었다. 직원들은 자신들의 현재 직업에 대해서 다른 곳에 가기 전 잠시 머무르는 직장이라고 이야기하곤 했다. 이러한 태도는 돈을 얼마나 버느냐가 개인으로서의 자신을 결정하는 중요한 요소라고 생각하는 아주 잘못된 생각에서 비롯된 것이다.

　명품 브랜드의 광고, 미디어의 부와 명성에 대한 환상으로 특징되는 이 시대에서, 돈이 우리를 평가하는 잣대가 된다는 생각의 함정에 빠지기 쉽다. 하지만 우리의 물질적 부에 대한 문화적 집착에도 불구하고 돈은 행복을 가져오지는 못한다. 역사학자 아놀드 토인비Arnold Toynbee는 그의 저서 『역사의 연구Study of History』에서 이 세계에 존재하는 주요 종교들은 인생에서 중요한 것이 무엇인지에 대한 의견이 일치한다고 밝혔다.

종교의 창시자들(예수, 부처, 노자, 아시시의 성 프란치스코)은 우주의 본질, 영성 생활의 본질, 궁극적인 영성의 본질에 대해서는 의견이 달랐다. 그러나 그들은 윤리적 관점에서는 모두 같은 의견이었다. 그들은 모두 이타심, 다른 사람에 대한 사랑이 인생에 있어 성공과 행복에 이르는 관건이라고 이야기했다.

먼저 얼마를 벌고 싶은지를 결정하고 난 후에 이 경제적인 목표를 달성할 수 있는 직업이나 커리어를 찾는 것은 중대한 실수가 될 수 있다. 그런 잘못된 접근 방식은 인생을 목적 없이 살게 하거나 세상을 바꿀 수 있는 기회를 잃게 만든다. 진정으로 중요한 질문은 따로 있다. 내가 열정을 가진 대상은 무엇인가? 내가 정말로 하고 싶은 일은 무엇인가? 아침에 눈이 번쩍 뜨이게 하는 일은 무엇인가? 데이즈 인 오브 아메리카Days Inn of America의 전 회장 겸 CEO 리처드 케슬러는 이렇게 설명한다. "만일 돈에만 초점을 맞춘다면 의미를 잃게 될 가능성이 높다. 우리의 열정을 추구함으로써 우리는 의미를 추구하게 되는 것이다."

나의 커리어를 돌이켜 보면 나는 세 번이나 당시 가지고 있던 직업의 보수보다 적은 보수를 제공하는 직업으로 바꿨다. 또 몇 번인가는 더 많은 보수를 제공한다는 제안을 뿌리쳤다. 이러한 결정을 내리게 된 배경은 무엇이었을까? 아내 로리와 나는 이런 질문에 대한 대답을 상의하였다.

- 내가 가지고 있는 열망은 무엇인가?
- 변화가 생겼을 때 우리 가족에게는 어떤 영향이 있는가?
- 현재의 자리에서 가치를 창출하였는가?
- 하나님이 나를 부르시는 곳이 어디인가?

이런 질문에 대한 대답이 서로 모순이 되는 때도 있었다. 예를 들면 루터남부사회복지센터에서 8년간 일하는 동안 직업에 계속해서 강한 열정을 유지하는 것이 어려운 때가 있었다. 우리가 추구하는 사명과 함께 일하는 직원들을 사랑하기는 했지만 너무도 잦은 출장으로 나의 가족과 건강에 부정적인 영향을 주었다. 그러나 나는 조직 내에서 가치를 창출하는 사명을 마치지 못했기 때문에 내 소명은 여전히 루터남부사회복지센터에 있었다.

아내와 많이 상의하고 많은 기도 끝에 나는 하나님이 나를 부르시는 데에는 두 가지 소명이 있다는 것이 확실해졌다. 단기적으로는 루터남부사회복지센터에서의 직무를 계속하는 것이고 그 후에는 다음의 커리어로 이끌기 위해 하나님이 열어주시는 문을 향해 가는 것이다. 하나님은 적합한 인맥을 주셨고, 보다 많은 사람들에게 리더십에 관한 지식을 나눠 주려는 나의 꿈을 이루기 위해 오랫동안 기다려온 안식년을 주셨다. 하나님은 나와 아내에게 재정적인 안정을 주셔서 필요한 경우에는 가족들에게 별 영향 없이도 다른 직장으로 옮길 수 있게 해주셨다.

우리는 현재 위치에서 요구되는 책임을 충실히 수행하면서 다음 소명을 위한 준비를 시작해야 한다. 이 두 가지의 균형을 유지하는 것이 쉽지 않고 포기하고픈 유혹이 들 때도 있을 것이다. 그러나 과거를 돌아보면 하나님이 나의 기도에 계속해서 응답해 주셨다는 것을 알 수 있다. 우리들 모두가 마더 데레사 수녀와 같이 일하고 가난의 서약을 하도록 부름받는 것은 아니다. 어릴 때 맥도날드에 완전히 사로잡혔던 친구가 한 사람 있었다. 그가 법률대학원에 들어간 이유는 맥도날드사 내 법무부서에서 일하기 위해서였다. 그는 자신의 목표를 이뤘고 직업적으로 크게 성공했다. 그리고 자신이 진정으로 믿고 있는 회사에서 일할 수 있었기 때문에 개인적으로도 만족스러운 삶을 살게 되었다. 그의 관점에서 보면 맥도날드는 질 좋은 제품을 고객에게 제공하고 소외된 지역 출신을 포함한 수십만의 젊은이들이 직장에서 성공할 수 있도록 훈련시켜주는, 사회에 가치를 더하는 회사였다. 그의 커리어 내내 그는 동료와 가족, 지역공동체와 교회에도 영향을 주었다. 만약 그가 케이마트Kmart 같은 다른 회사에서 일했다면 이렇게 성공할 수 있었을까? 내 생각으로는 그렇지 못했을 것이다. 그 조직의 사명에 대한 그의 열정이 훨씬 더 적었을 것이기 때문이다.

우리 집안은 교회와 관련된 일을 하는 전통을 가진 집안이었다. 내가 대학생이었을 때 부모님의 친구분이 나에게 가족의 전통에 따라 교회에서 일할 것인지 물어보셨다. 나는 기업 변호사가 되고 싶다고 대답했는데, 그때 그분의 대답을 아직도 기억하고 있다. "기독교인인 기업가들이 정말로 필요하네. 이것이 아주 중요한 소명이라는 것을 절대로 잊지 말게."

기독교인으로서 인생의 전부는 그리스도에 대한 완전한 봉사를 의미한다. 세속적인 직업이건 아니건 이는 모두 해당되는 말이다. 우리가 어떤 직업을 가지고 살든지 우리는 우리의 조직, 우리의 결정, 다른 사람들과의 관계를 통해서 세상을 바꾸어 나가야 할 소명을 받은 것이다. 기도와 노력을 통해서, 그리고 우리의 마음을 따라서, 다른 사람을 섬김으로써 변화를 만들 수 있는 기회를 얻게 될 것이다. 나는 직장에서 하나님이 우리의 소명을 통해 주신 많은 기회를 우리 모두가 모두 이용할 수 있기를 기도한다.

가치 중심의 전략기획

장작을 패는 데 8시간이 주어진다면 6시간은 도끼를 가는 데 쓰겠다.

에이브러햄 링컨Abraham Lincoln

EXECUTIVE VALUES

블랜차드, 하이벨스와 호지스는 그들의 저서 『성서 기반 리더십』에서 리더십의 두 가지 측면에 대해 논했다. 옳은 일을 하는 것(비전)과 일을 바르게 하는 것(실행)이 그것이다. 조직의 비전에 대해서 그들은 '열정을 낳는 미래에 대한 그림'이라고 묘사했다. 분명한 전략기획으로 완성되는 비전에는 네 가지 구성요소가 있다.

1. 목적 : 우리가 하고 있는 사업이 무엇인지 스스로에게 말해준다.
2. 이미지 : 계획한 대로 모든 일이 이뤄지면 어떨지 그림을 보여준다.
3. 가치관 : 목적에 따라 행동할 때 어떻게 행동할지를 결정한다.
4. 목표 : 지금 우리의 에너지를 집중한다.

신앙을 가지고 조직을 이끄는 리더들은 비전을 설정하는 데 이점을 가지고 있다. 기독교인 리더로서 우리의 역할은 우리 조직의 중심 가치관을 창출하고 고양시키면서 이 가치관과 비전을 연결시키는 것이다. 우리는 또한 이러한 가치관을 다른 사람들이 쉽게 이해하고 효과적으로 행동으로 옮길 수 있도록 해야 할 의무가 있다. 마지막으로 우리는 고객과 대주주들에게 이 비전을 반영하는 최종 결과를 이끌어내야 할 의무가 있다.

제대로 세워지지 않은 전략기획에 대해 사람들은 외친다. "전략기획은 이제 그만!" CEO는 전략기획에 전혀 참여하지 않으면서 직원들에게 전략기획을 실행하라고 요구하는 조직이 얼마나 많은가? 그리고 전략기획이 이사회에 보고는 되지만 다음 해까지 다시 서랍에 박혀서 먼지만 쌓이는 경우가 얼마나 자주 있는가?

더더욱 문제가 있는 조직은, 리더가 직원들을 마치 전략기획에 참여시키는 것처럼 하지만 실상은 조작, 공포 조성 전략, 선별적인 의사 청취와 같은 수단으로, 상명하달식의 조직문화를 통해 팀원들이 리더가 이미 생각했던 비전을 수용하도록 설득하는 조직이다. 이런 조직의 직원들은 조직의 사명 성취에는 관심이 없고 다음 월급봉투에만 관심을 기울여 조직은 제 기능을 발휘하지 못한다. 전략기획이 그 목적을 성취하기 위해서는 리더가 자신이 이 과정에 있어서 많은 의견들 중 하나라는 것을 받아들여야 한다. 사실 어려운 일이지만 역동적인 전략기획의 실행과 건전한 조직문화 창출 및 유지를 위해서는 인정해야만 하는 것이다.

　　『혼란의 파도타기*Surfing the Edge of Chaos*』의 공동 저자 리처드 T. 파스칼은 리더가 옳은 방향이라고 생각하는 바의 윤곽을 잡아주고 뒤로 물러서서 다른 사람들이 논의하는 것을 평가하고 필요한 곳을 집어주는, 이런 낡아 빠진 오래된 방식은 더 이상 효과가 없다고 지적한다. 이 방식은 조직의 다양성과 창의력을 억누른다. 이제는 '환경은 변했는데 새로운 세상에서 효과가 없는 옛날의 전략에 집착하고 있지는 않은가?' 자문해봐야 한다. 올바르게 진행되고 시행된 기획은 그 기획에 의미 있는 의견을 제시하는 주요 간부를 만들고, 그 계획이 무엇인지 알고 이해하는 직원과 고객, 주주를 낳으며, 직원들로 하여금 계획에 연관되어 있다고 느끼게 한다.

CHAPTER 1

전략기획 과정

전략기획 과정에 참여하는 방법에는 여러 가지가 있다. 각각의 조직에는 다른 중점적인 도전 과제들이 있다. 이러한 도전들 몇 가지를 들자면, 새로운 기술의 도입, 고객 취향의 변화, 새로운 경쟁, 비효율적인 비즈니스 모델, 수익성 저하, 성숙한 비즈니스 사이클, 보다 혁신적인 제품의 필요성 등이 있다.

아래에 열거하는 사항은 우리 리더들이 우리 공통의 가치관을 발견하고 조직의 모든 분야에 이를 퍼뜨리는 데 성공적 결과를 가져왔던 전략기획 과정의 개요를 설명한 것이다. 내가 선호하는 방식은 많은 부분은 아니더라도 과정의 일부에 외부 컨설턴트를 이용하는 것이다. 특히 리더십 팀에 새로운 구성원이 들어와 처음으로 작업에 참여한 사람들이 있을 때는 더욱 그렇다. 컨설턴트를 고용하는 것은 많은 장점이 있으며 기획 과정에 여러 가지 주요 요소를 가져온다.

- 다른 조직과 기획 과정을 모두 겪어보았기 때문에 지식이 풍부함.
- 엄격함과 객관성.
- 최고 리더를 간사나 중재자가 아니라 동등한 참여자로 자유롭게 해줌.

나는, 조직이 기본적으로 공동의 목표를 성취하기 위해 함께 일하겠다고 자발적으로 선택한 사람들이 모인 공동체이기 때문에 조직 심리학자를 이용하는 것도 도움이 된다고 생각한다. 팀원들 간의 상호작용은 성공적인 전략기획과 시행에서 가장 중요한 측면이 되기도 한다. 오늘날의 리더들은 미래를 볼 때 조직의 역사를 무시하는 경향이 있다. 미래 지향적인 계획을 세우기 위해서는 자신들이 어디에서 비롯되었는지 이해하는 것이 필요하다. 기획 과정에 참여한 사람들에게 회사의 최초 설립 정관과 규칙, 역사적 문서, 초기 사진들, 전지도자들의 회고록이나, 조직 원래의 목표나 목적에 관한 정보가 담긴 모든 자료를 제공하게 되면, 역사의 교훈을 포함하여 기획 과정이 충실히 이루어지게 된다. 조직이 원래의 사명과 가치관에 충실했던 부분 또는 충실하지 못했던 부분이 어딘지, 변화하는 환경에 어떻게 적응해 왔는지에 대한 이야기를 나누는 것도 매우 유용하다. 이렇듯 과거 상황을 되돌아보게 되면 리더들에게 조직의 원래 가치관을 재정립하거나 끊임없이 변화하는 환경에서 필요한 변화를 이룰 수 있는 용기를 줄 수 있다.

기획 과정의 또 다른 중요한 구성요소는 업무의 현재 상태를 명확하게 알려주기 위해 조직에 관한 적절한 정보를 모아서 팀에 제공하는 것이다. '적절함'이라 함은 그 조직이 속한 업계 내에서 그 조직의 과거 실적과 비교해서 현재 추세를 보여주는 자료와 같이 조직의 현재 상황을 통찰할 수 있게 해주는 정보를 뜻하는 것이다.

조직의 유형에 따라 다르기는 하지만 다음과 같은 정보들이 적절한 정보에 포함된다.

- 조직 각각의 서비스의 순비용, 순수익 또는 손실
- 고객별, 제품별, 또는 지리적 지역별로 나뉘어 표시된 수익성 도표
- 경쟁자에 대한 자료와 벤치마킹 분석
- 고객 및 관련자들의 만족과 인정에 관한 설문조사
- 자본 비용 자료
- 이해하기 쉬운 재정 상태 정보
- 일정 기간이 반영된 수입 성장 도표
- 시장 분석 정보
- 직원 만족에 관한 설문조사

충분한 정보가 준비되지 않았을 경우, 기획 과정에 자료가 필요한지 여부를 물어보면 된다. 만일 필요하다고 하면 그 정보를 수집하기 위한 노력을 한다.

다음은 사명 선언문Mission statement을 자세히 살펴봐야 한다. 사명 선언은 조직과 관련된 모든 사람들이 조직의 문화와 가치관이 동일 선상에 놓여있는지를 결정하게 해준다. 만일 현재의 사명 선언에 힘이

없다면 바꿔야 한다. 영리를 목적으로 하는 조직들은 이제서야 비영리 조직들이 오래 전부터 알고 있었던, 가슴을 울리는 사명 선언은 조직 문화에 길이 남을 영향을 미친다는 사실을 이해하기 시작했다. 사명 선언문은 손익계산서의 수익과 사람들의 삶을 변화시킨다. 사명 선언은 직원들과 전 세계의 다른 사람들이 이 조직이 무엇을 하는 조직인지 이해할 수 있도록 해주는 것이다. 예를 들어 적십자는 사명 선언문을 간단 명료하고 쉽게 이해할 수 있는 문장으로 정리하였다. '가장 약한 사람들에게 봉사한다.'

사명 선언을 만들고 난 후 이 사명이 유효하려면 사용되어야만 한다. 사무실에 걸어놓아 보라. 업무용 편지지나 명함에 인쇄하는 것은 어떤가. 직원을 면접하는 데 이를 포함시켜도 좋다. 신입 사원이 출근한 첫날 중요 업무로 사명 선언을 넣는다. 사명 선언은 전략기획을 하는 과정을 포함해 조직에서 하는 모든 일 속에 스며 있어야 한다. 일부 조직들은 비전 선언문을 도입하기도 한다. 비전 선언문은 사명 선언문의 상세한 설명을 포함하고 있는 것이다. 이것 또한 명확하고 이해하기 쉬워야 하며 가슴을 울려야 한다.

다음으로 다뤄야 하는 것은 중심 가치관이다. 구성원들이 이해하고 소유한 가치관이 없으면 조직은 능력을 충분히 발휘할 수 없다. 리더들은 가치관을 분명하게 주지시키고 조직에 퍼뜨리며 가치관의 수용을 장려해야만 한다.

조직의 사명과 가치관을 이해하는 것은 전략기획의 가장 중요한 요소이다. 조직 컨설턴트 린 워커는 직원들이 전략기획 과정을 신념 시스템을 만들 기회로 여기는 것이 아니라 필요한 운동쯤으로 여기기 때문에 전략기획 과정이 실패하는 경우가 많다고 지적한다. 그는 이렇게 이야기한다. "전략기획 과정이 성공하려면 전략기획이 조직의 신념 시스템의 연장이어야 한다. 그리고 조직이 신념 시스템을 이해하기 위해서는 조직의 가치를 이해해야만 한다." 사용하는 단어는 바뀔 수 있겠지만 그 조직의 핵심 사명과 가치관은 변해서는 안 된다. 이것이 바로 그 조직의 정체성과 그 조직이 무엇을 하는 조직인지를 정의하는 것이기 때문이다.

전략은 가치관으로부터 나오는 것이다. 로이 디즈니는 이렇게 말한 바 있다. "가치관이 무엇인지 알고 있으면 결정을 내리는 것이 어려운 일은 아니다." 그렇지만 여전히 이 시점에서도 전략기획에 도전이 없는 것은 아니다. 리더십 팀은 현재 내부상황과 외부상황, 사명, 가치와 같은 조직의 주요 요소들이 무엇인지 명확하게 알아야만 한다. 리더십 팀은 전략 수립에 계속 초점을 맞추어야 한다. 전략보다는 운영 상황에 대해서 이야기하는 것이 훨씬 쉽기 때문에 더 유혹에 빠지기 쉽다. 전략화는 전체 조직에 자기 성찰할 수 있는 기회를 열어주는데 이는 참여자들에게 두려운 일이 될 수도 있다. 모든 조직은 추구하는 결과를 성취할 수 있도록 완벽하게 구성되어 있다. 리더십 팀 내부의 성격으로 인한 불화나 문제가 있는 행동들로 인해서 창의적인 생각이나 효과적으로 일을 추진하는 것이 방해받을 수도 있다. 진정한 조직적 변화는 우리가 우리 자신, 우리 직장 내에서의 관계에서 변화 가능성을 찾고 이에 대해 개방적인 사고를 갖는 것으로부터 시작된다. 마키아벨리가 언급하였듯이, 새로운 사물의 질서를 만드는 일보다 더 실행하기 어렵고, 처리하기 더 위험한 일은 없다.

핵심 기획 그룹은 조직의 최고 리더들로 구성되어야 한다. 이사회 임원들과 주요 관련자들뿐만 아니라 중견 간부들 모두는 기획 과정의 일부분이라도 참여해야만 한다. 1,200명의 직원이 있는 우리 조직에서는 중견 간부 50명, 이사회 임원 25명, 주요 관련자 40명이 일정 시점에서 참여했다. 또한 회사는 중견 간부들에게 기획 과정의 일정 부분에 직원들도 참여시키라고 장려하였다. 이러한 과정은 각각의 구성원이 자신은 소중하게 대우받으며 조직의 중요 부분에 포함되고 있다고 느낄 수 있도록 해준다. 건전한 조직문화에서는 상호 신뢰와 상호 존경으로 인해 조직의 모든 부분에서 새로운 아이디어가 활발하게 생산된다. 모든 직위의 직원에게 전략기획 과정에 참여할 수 있도록 하는 한 가지 방법은 CEO나 다른 리더들이 아이디어나 의견을 기탄 없이 정직하게 제시하고 공유할 수 있는 원탁 점심 회의를 마련하는 것이다.

기획팀은 이사회에서 기획 과정 중 적절한 시기에 의견을 제시할 수 있는 기회를 제공해야 한다. 이사회는 또한 최종 산물이 조직의 사명과 가치관에 맞는지 확인해야 할 의무가 있다. 그러나 기획 과정을 주도하고, 전략에 대한 최종 결정을 내리고, 이를 실행할 책임은 이사진과 직원 모두의 의무이다. 그 계획에 영향을 줄 내부적, 외부적 역학관계를 가장 잘 이해하는 사람은 결국은 직원들이다. 이러한 구분을 분명하게 유지한다면 이사진은 경영진에게 책임을 지울 수 있게 된다. 왜냐하면 그 계획을 소유하는 것은 이사회가 아니라 경영진이기 때문이다.

기획을 하는 사람들은 전체 과정 동안 다음의 질문에 정직한 대답을 해야만 한다.

- 우리가 직면하게 될 새로운 요구는 무엇인가?
- 누가 우리의 고객이 될 것인가? 그리고 미래에 그들의 다른 점은 무엇이 될 것인가?
- 우리 고객들은 어디에 가치를 두는가?
- 다른 일이 일어 나기 전 우리는 무엇을 해야 하는가?
- 우리가 가장 염려하는 두세 가지 환경 요인은 무엇인가?
- 우리의 강점, 약점, 기회 그리고 이에 따르는 위협은 무엇인가?
- 우리가 현재 매우 잘 하고 있는 것은 무엇인가?
- 우리가 현재 잘 하지 못하고 있는 것은 무엇인가?
- 새로운 기회를 개발하는 데 즉시 이용될 수 있는 우리의 핵심 역량은 무엇인가?
- 우리는 우수 고객을 구분하는가, 아니면 모든 고객을 동일하게 대우하는가?
- 우리가 현실적으로 할 수 있는 것은 무엇인가?
- 우리 조직문화에 맞는 새로운 잠재적인 사업 기회는 무엇일까?
- 우리가 오늘날 하고 있는 일이 미래 시장에서는 얼마나 잘 어필할 수 있겠는가?
- 우리 고유의 틈새 시장은 무엇인가?
- 우리 현 직원들의 능력은 어느 수준인가, 그리고 혁신 역량은 얼마나 되는가?
- 우리의 장·단기 계획에 인터넷은 얼마나 유용한가?

- 정부 및 입법부 의제의 변화, 사회인구학적 변화, 새로운 기술 등은 우리의 사업 방식을 어떻게 바꾸게 될 것인가?
- 우리의 재정 자원을 어떻게 잘 배분할 것인가?
- 현재 경영진은 다음 단계에서 업무를 수행할 능력을 가지고 있는가?

메가 질문에 대한 대답

　장기적인 사업성과 중요성을 확보하기 위해서 모든 조직은 내가 '메가 질문Mega Questions' 이라고 부르는 질문들에 대한 대답을 생각해 봐야 한다. 예를 들어 전설적인 CEO 잭 웰치는 제너럴 일렉트릭에 재직하는 동안 올바른 질문에 집중할 수 있도록 피터 드러커의 도움에 의존했었다. 웰치의 경영 철학과 경영 기법을 지배했던 메가 질문 중 하나는 "만약 지금 하는 이 사업을 처음으로 돌린다면 지금도 이 사업에 뛰어들겠는가?"였다. 이 질문에 대답함으로써 웰치는 GE가 향후 그 분야의 2대 기업이 될 수 없는 사업 부문은 과감히 정리하였다. 대신 그가 초점을 맞춘 분야는 GE가 성공을 거둔 사업 부문이었다. 이 전략 그리고 이 전략을 이끌어낸 질문은 GE의 시가총액을 1981년 120억 달러에서 1999년 4,920억 달러로 증가시키는 데 놀라운 역할을 하였다.

드러커의 메가 질문에는 조직에 따라 많은 대답이 나올 수 있다. 스트라테고스(Strategos, 엔지니어링, 전략, 기술 컨설팅업체)사의 개리 해멀 회장은 회사의 모든 고위 간부진들이 다음과 같은 메가 질문을 스스로에게 물어봐야 한다고 강조했다. "남겨줄 유산을 건설하고 있는가, 아니면 무너뜨리고 있는가?" 조직들이 훌륭한 성과를 내는 것은 과거의 리더들이 선견지명을 갖고 업적을 세우고 이 분야에서 주요 역량을 강화했기 때문이다. 해멀 회장은 현재의 성공이 과거 리더들이 세운 전략과 혁신의 결과일지라도 현재의 리더들에게 그 성공의 공을 돌리기 쉽다는 점을 지적하였다. 그가 발견한 사실을 보다 공고히 하기 위해서 그는 다음과 같이 지적했다. "만일 빌 게이츠가 PC 패러다임을 보지 못했다면 아마도 그는 마이크로소프트 파멸의 원인이 되었을 것이다." 즉 마이크로소프트와 같은 거대 기업일지라도 초기 사업의 유산을 무한정 이용할 수만은 없다는 것이다. 최근 루터 원조협회Aid Association for Luthens와 루터 브라더후드Lutheran Brotherhood는 해멀 회장의 메가 질문에 대한 대답으로 두 기관을 합병하여 총 자산 570억 달러의 루터 트리벤트 파이낸셜Thrivent Financial for Lutherans을 창설하였다. 이렇게 함으로써 그들은 공동의 자원을 이용하여 미래 세대의 고객들을 더욱 잘 섬길 수 있는 새로운 공동의 유산을 세우게 되었다.

만일 어떤 조직이 사업을 하는 데 이미 입증된 방식만을 이용하여 수적으로만 성장한다면, 또는 수입은 있으나 시장점유율이 낮아지고 있다면, 이는 아마도 다른 사람이 남긴 유산에 의지하고 있기 때문일 것이다. 여기에서 질문은 이것이다. "'달란트의 비유'를 지키면서, 사회에 가치를 더하고 자신의 유산을 창출하기 위해 당신의 조직은 무엇을 해야만 하는가?" 해멀의 메가 질문에 대답함으로써 조직은 현재 상황에 도전을 하게 된다. 또한 팀원들과 리더들에게 다음과 같은 질문을 함으로써 도전을 던진다. "우리가 향후 5년간 변화를 꾀하지 않는다면 우리 조직의 미래는 어떻게 될 것인가?"

드러커나 해멀이 제시한 메가 질문에 대답을 찾게 되면 사회적 변화의 중심에서 전략 계획을 창출하는 데 특히 도움이 된다. 예를 들어, 최근 대부분의 전략기획 과정에서 '계획된 포기Planned abandonment'라는 개념이 대두되었다. 이는 오늘날(또는 과거)에 성과가 있던 일이 미래에는 그렇지 않을 수도 있다는 개념이다. 변화하는 환경에 사업 방식을 적응시킬 수 있는 능력을 지니고, 경쟁업체보다 이를 더욱 신속하게 할 수 있는 조직이라면 대단한 경쟁우위를 지닌 것이다.

계획된 포기의 개념을 매우 잘 이해하고 있는 조직의 예를 한 가지 들어보고자 한다. 1980년대 초반 쉴라 웰링턴은 코네티컷주 브리지포트에서 주립 정신병원을 운영하고 있었다. 재임 기간 동안 주정부 지원 기금이 동결되는 어려움을 겪어야만 했고, 항상 인원부족에 시달렸다. 정상적인 사업을 계속할 수 없게된 딜레마에 직면하였지만 시설을 폐쇄할 수는 없었던 웰링턴 원장과 직원들은 업무 방법을 변화시키기로 결정하였다. 그들이 결정한 사항은 다음과 같다.

관련 학위가 없는 사람들도 사회복지사의 역할을 할 수 있도록 훈련시켰으며, 지역의 가정 치료소와 연계하여 병상 수를 늘렸다. 병동을 24시간 운영하기에 충분한 인원이 없으므로 주간 치료 프로그램을 시행한다. 결과적으로 우리 해결책으로 인해 이전보다 더 나은 치료를 제공할 수 있게 되었다. 오늘날 주간 운영 병원과 같은 프로그램은 전국적으로 지역공동체의 정신 건강 센터의 기준이 되고 있다.

웰링턴 원장과 직원들은 나쁜 상황을 역이용하여 조직을 변화시킴으로써 고객들과 수익, 모두 만족시킬 수 있는 원원 상황을 만들어낼 수 있었다. 그들이 실제적으로 이런 결정을 하는 데 메가 질문을 이용하였는지는 알 수 없다. 그러나 그들은 큰 그림에 관한 명확한 시각을 가지고 있었고 미래를 창출하기 위해서 과거를 포기한다는 것이 조직과 고객 모두에게 득이 되는 업적을 창출하는 것이라는 사실을 알고 있었다.

많은 조직들이 직면하고 있는 또 다른 메가 질문은 "우리가 앞으로 전진하는 데 고객으로 우리가 특별히 목표를 삼고 있는 사람은 누구인가?"와 "어떤 고객들에게서 수익을 낼 수 있겠는가?"이다. 오스틴에 위치한 한 보험 중개 회사는 자료를 검토하고 이런 질문에 대한 대답을 이용하여 연 수익이 100만 달러를 초과하는 신규 고객들만을 위한 마케팅에 주력하게 되었다. 그들은 소액 고객들에게 좋은 서비스를 제공하고 있기는 했지만 비용 구조상 이 사업 부문에서 수익이 미미하여 장기적인 사업성을 위해서는 수익률이 좋은 고객군을 양성해야 할 필요성이 있다는 사실을 발견하였다.

대부분의 조직들은 많은 부류의 고객을 상대한다. 여기에는 많은 수익을 창출하는 고객만큼 자주 그 회사의 상품이나 서비스를 이용하지 않거나 다른 부류의 고객보다 서비스 제공 비용이 더 많이 드는 수익성이 낮은 고객도 포함된다. 메릴린치나 뱅크 오브 아메리카Bank of

America와 같은 조직들은 그들의 상품에 10만 달러 이하의 자산을 투자하고 있는 고객을 수익성이 낮은 고객으로 정의하기도 한다. 병원이라면 응급실에 온 환자나 건강 보험을 가지고 있지 않은 고객으로 정의할 것이다. 그러나 수익성이 높은 고객과 낮은 고객 모두의 요구를 한 가지 틀에 맞추려고 하거나 한쪽을 완전히 무시하는 것은 바람직한 일이 아니다. 항공 업계는 고객들 고유의 요구에 맞추기 위해서 서비스를 차별화하고 있다. 마일리지 프로그램이라는 개념을 이용하여 매년 고객이 항공사를 얼마나 많이 이용하느냐에 따라 선호 고객의 단계를 나눠 고객의 유형을 차별화하는 데 매우 성공적인 성과를 보였다. 찰스 슈왑 또한 각 고객이 투자한 액수에 기초하여 고객들에 대한 서비스 수준을 차별화하고 있다.

우리는 미래를 의식적으로 계획하는 데 있어서 이러한 실례들을 보고 이런 질문에 이르게 된다. "각각의 고객군에 따라서 다른 비즈니스 모델을 적용하는 것이 우리 조직에 전략적으로 이득이 될 것인가?" 예를 들면, 병원의 경우에 인구 분포상으로 거주자의 대다수가 보험을 보유하고 있지 않은 지역에 병원을 세우는 것이 오히려 재정적으로 바람직할 수 있다. 그렇게 되면 다른 정부 지원을 받을 수 있는 자금원에 접근할 수 있으며 응급실 내원 횟수를 줄이기 위한 건강 프로그램을 만들 수 있고, 전반적 치료 비용 감소를 위해서 예방 의학에 관한 교육도 제공할 수 있어 병원이 지역사회 모든 구성원들에게 보건의료 서비스를 제공하는 사명을 성취할 수 있게 된다.

조직이 수익성 낮은 고객들에게 최고급의 서비스를 계속 제공하기 어려운 때가 있을 것이다. 기획팀은, 일단 서비스를 제공함에 있어서 고객들을 차별화하지 않을 때의 기회비용을 고려할 필요가 있다. 이 문제를 당신의 팀이 어떻게 다루느냐에 따라 고객들마다 다양한 요구사항에 맞춘 서비스를 제공할 수 있는 새로운 장을 열어 주게 된다. 즉, 고객들의 요구에 맞춘 대안적인 비즈니스 모델을 창출하는 것은 리더십의 황금률을 시행하는 또 다른 방법이 될 수 있다.

계획의 수립과 실행

　내·외부적 자료를 검토하고 이사회 임원, 고위 간부, 관련자들과 정직한 대화를 나눈 후, 리더십 팀은 성취 가능한 행동의 방향을 이끌어 낼 준비가 되어 있어야 한다. 한 가지 방법은 과거 성공에 계속 기대어 향후 5년간 이용할 수 있도록 과거의 성공을 미세하게 조정하는 것이다. 다른 방법은 조직의 미래에 더 이상 소용이 없는 프로그램이나 제품을 정리하고 대신 조직의 핵심 역량에 집중하는 것이다. 또 다른 방법으로는 조직이 혼자서는 더 이상 수익성이 없는 경우 파트너, 제휴 또는 합병의 방법을 모색하는 것이다. 이런 여러 가지 기회가 될 수 있는 방법을 생각해낸 후, 조직에 가장 좋은 길 또는 조직이 따라야 할 길을 결정하는 것은 리더십 팀에 달려 있다. 건전한 조직이라면 옳은 결정이 무엇인지 명백하게 알 수 있으나 항상 그렇게 쉬운 일은 아니다.

다음 단계는 의사소통이다! 직접 만나서 이야기하기도 하고 또 문서로도 의사소통해야 한다. 이것은 CEO로서의 제일의 책임이며, 절대로 남에게 미루어서는 안 되는 의무이다. 모든 관련된 사람들, 직원, 관련자, 고객, 이사회 임원들은 반복적으로 조직의 사명이 무엇인지, 가치관이 무엇인지, 그리고 회사의 계획은 무엇인지에 대해 들어야 하는 게 현실이다. 이를 성취하려면 모든 형식의 의사소통 방식을 사용해야 한다. 전략기획에 관한 정보는 최고경영자가 서면, 이메일, 사보 기고문 혹은 대화를 통해서 개인적으로 전달하였을 때 가장 효과적이다. 여러 가지 의사소통 수단을 효과적으로 사용하게 되면 전하고자 하는 메시지가 잘 전달되고 직원들이 그 중요성을 이해하게 된다. 그러나 조직들이 항상 이를 지키는 것은 아니다. 하버드대학 경영대학원 존 코터 교수는 의사소통은 쉽게 이해되어야 한다고 지적했다. 코터 교수는 메시지가 효과적이려면 다양한 형태로 전달되어야만 한다고 언급하면서 은유나 비유, 예를 사용하라고 권유한다. 또한 그는 CEO는 모범을 보이며 조직을 이끌어야 하며 일관되지 못한 행동에 대해서는 언제라도 설명할 수 있어야만 한다고 지적했다.

실행이 모든 것을 말해준다

일단 계획이 결정되면 이제 실질적인 일이 시작되는 것이다. 전략기획은 계획을 실행하기 위해 사용되는 과정일 뿐이다. 기획팀은 조직의 목적과 사명에 대한 공통의 신념을 찾음으로써 중요한 첫 단계를 시작하였고, 중요한 질문에 대한 답을 찾고, 다양한 기회를 발견하고 중요한 결정을 내렸다. 이 시점에서는 고위 간부들이 계획에 충실히 따르겠다는 확고한 신념을 보여주는 것이 중요하다. 그렇지 않으면 지금까지의 모든 노력이 물거품이 되어버릴 것이다. 이 계획을 실행하는 데 있어서 주의할 점은, 계획이 아무리 모두의 의견을 반영하였다 할지라도 단순히 변화되기가 힘들거나 사람들의 기반이 위협받기 때문에 저항을 받게 될 가능성이 있다는 사실을 인식해야 한다. CEO는 계획이 살아 있는 계획이 되도록 자신이 가지고 있는 모든 리더십 기술을 사용해야만 한다. 소프트웨어 회사 오블릭스Oblix Inc.의 CEO 겸 사장 고든 유뱅크스는 이를 간단하게 정리했다. "전략은 경기장으로 나가게 해주지만 결과를 얻는 것은 실행이다."

내가 이야기한 경영철학에서는 계획의 실행에는 전략기획과 연계된 부서별 행동 계획, 행동 계획과 연계된 업무 설명, 업무 설명과 연계된 실적 보상 창출 등이 모두 포함된다. 개인별 개발 계획 또한 주요한 직원들이 새로운 기술을 습득할 수 있도록 마련되어야 한다. 그리고 리더십 팀은 행동 계획의 종합적인 요약본을 마련하여 조직 전체에 배부하고 이 계획이 실행되는지의 여부를 확인해야만 한다.

이 과정을 통해, 리더십 팀은 스스로에게 다음의 질문을 해봐야 한다.

- 우리가 계획을 성취하기 위해 필요한, 적절한 조직 구조와 재능을 가지고 있는가?
- 우리는 우리의 계획을 운영 및 자본 예산에 적절하게 연계시켰는가?

- 우리의 조직문화는 우리의 전략과 일치하는가?
- 중요 간부들이 그들이 담당한 계획을 성취하기 위해서 필요한 정보, 훈련, 자원들은 무엇인가?
- 우리는 행동 계획을 완전히 수립하였고 이에 따른 감시 및 평가 시스템을 마련하였는가?
- 우리의 직원들이 기대한 바대로 일을 수행하고 있는가?

조직 내의 모든 활동은 전략 계획에 연계 또는 도움이 되어야만 한다. 이를 위해 리더십 팀은 리더와 경영진이 조직을 보는 방식의 차이점을 인식해야만 한다. 리더들은 1년, 3년, 5년, 10년 후를 내다본다. 경영진은 내일, 1달 후, 혹은 1년 후를 내다본다. 양측의 잠재력을 최대화하기 위해서는 각각의 요구에 맞는 과정을 수립해야만 한다.

일단 전략이 세워지면 조직은 전체적 전략에 속하지 않는 기회를 좇는 데 정신을 팔려서는 안 된다. 그냥 흘려보내기에는 너무 아까워 보이는 벤처 사업이나 기회가 있을 수 있다. 이 유혹을 극복하기 위한 가장 좋은 방법은 한 걸음 물러서서 그 기회가 전반적인 전략에 일치하는지 살펴보는 것이다. 살아 있는 계획으로서 전략기획은 더 많은 정보와 새로운 기회가 생김에 따라서 변화할 수 있다는 사실을 명심하라. 사실 그러한 변화에 발맞추기 위해서 중도에 계획을 수정하는 것이 현명한 결정이 될 수도 있다. 미리 계획된 일정에 따라 다음과 같은 질문을 해봄으로써 체계적으로 계획을 재평가하도록 한다.

- 변화된 대내적, 대외적 요인들 중 계획에 영향을 줄 요인은 무엇

인가?

- 어떤 조치가 효과가 있었고 어떤 것이 효과가 없었는가?
- 계획의 특정 부분은 그저 우리가 만들어 놓고 고객들이 오기만 을 기대하는 '꿈의 구장' 과 같지는 않은가?
- 중간 조정이 필요한 부분은 어디인가?

진정으로 효과적인 기획팀은 어떤 전략기획도 완벽하지 않다는 사 실을 인식하고 있으며 예상하지 못했던 변화에 맞추기 위해서 계획을 조정할 수 있어야만 한다.

새로운 리더십 상황 가정하기

조직 외부에서 영입되거나 승진을 통해 리더 역할을 맡게 된 사람들은 조직에서 그들의 입장이 불안정하다는 사실을 발견한다. 그러나 이는 조직의 잘못이 아니라 떠날 때를 제대로 알지 못했거나 강제로 조직에서 밀려난 이전 리더들의 잘못이라는 사실을 이미 언급한 바 있다. 그 반대의 경우인 떠날 때가 언제인지 아는 리더들은 너무도 드물다. 이런 방식의 최고경영진의 변화를 보여주는 예가 최근 제너럴 일렉트릭과 사우스웨스트 항공에서 일어났다. 이 회사들은 적절한 변환 계획을 세웠으며 새로운 CEO를 포함한 모든 직원들이 조직의 비전과 핵심 가치관을 이해하고 수용했다.

신임이든지 이미 재직하고 있든지 불안정한 조직의 리더들이 안정을 찾을 수 있도록 할 수 있는 일이 몇 가지 있다. 먼저 리더는 동요하지 않은 확신에 찬 자세를 유지해야 한다. 다음은 기존의 경영팀이 누가 고객인지, 누가 경쟁자인지에 집중할 수 있도록 해야 한다. 유뱅크스는 계획을 성공적으로 시행하는 데 시작이 얼마나 중요한지 강조했다. 그는 자신이 이끄는 조직원들이 다음과 같은 표어를 명심하도록 하고 있다. '모든 전장에서 우리가 이길 수 있는 기회가 어디에 있는지, 그리고 왜 그렇게 생각하는지를 알아내자. 그리고 그 방향으로 나아가자.'

시작하는 시점에서 리더십 팀 모든 구성원에게 다음의 두 가지 질문을 하자. "조직이 성공하도록 하기 위해서 내가 해야 할 일 세 가지는 무엇인가?" "조직이 성공하도록 하기 위해서 당신이 해야 할 일 세 가지는 무엇인가?" 그들의 대답은 다양한 정보를 제공해 줄 것이다. 이 대답으로 리더는 리더십 팀 구성원들의 동기부여는 어느 정도인지, 그들이 틀에 얽매이지 않고 생각할 수 있는 능력과 창의력은 어느 정도인지 알 수 있다. 이 대답은 또한 리더들에게 자신감을 불어넣어줄 뿐만 아니라 직원들에게 동기를 부여하고 전진할 수 있는 통찰력을 제공해 주기도 한다. 1995년 루슨트 테크놀로지Lucent Technologies가 AT&T에서 분리되었을 때 CEO 핸리 샤흐트는 부임 후 첫 6개월간을 최고경영진 14명과 공동의 전략과 문화를 창출하는 데 보냈다. 그는 그들의 회사가 성공하기 위해서는 고위 경영진들 모두가 같은 규약을 믿고 이에 따라 행동하는 것이 가장 중요하다는 사실을 인식하고 있던 것이다.

비영리 조직과 영리 조직은 서로에게서 배울 수 있다

전략기획 과정의 결과 중 고통스러운 것 중 하나는 장기적으로 조직에 도움이 되는 결정은 종종 단기적으로는 고통을 가져온다는 사실이다. 나의 경험에 비추어보면, 비영리 조직의 경우는 영리 조직의 경우보다 장기적인 이득을 위해 필요한 희생을 감수하는 데 더욱 많은 어려움이 따른다. 영리 조직의 경우는 가치를 창출할 수 있는 장·단기 전략 개발에 있어서 시간적 여유가 충분하다. 영리 조직의 리더들은 훈련면에서나 통제면에서 우수하며 가차없는 시장 환경에서 일해왔던 사람들이다. 하지만 비영리 조직의 경우는 끊임없는 시장의 압박에 대응할 기회가 없는데다가 역사적 또는 문화적으로 리더십 풀의 제약을 가지고 있다.

내가 속해 있는 교회 종파는 아직도 정식으로 임명된 교역자들이 대부분의 부설 기관을 이끌어야 한다고 고집하고 있다. 이 부설 기관 중 일부는 예산 규모가 수백만 달러에 이를 뿐 아니라 수백 명의 직원들을 보유한 기관이다. 그러나 이런 기관을 이끄는 목사님들은 경영에 대한 경험이 거의 없거나 아예 없는 사람들이다. 이와 유사한 경우가 또 있다. 많은 대학들은 그 거대하고 다양한 기관을 이끌 사람으로 아직도 학자를 찾고 있다. 전직 교수들은 명석하기는 하지만 자금 조성, 전략기획이나 거대 조직을 이끄는 데는 경험이 거의 없는 사람들이다. 조직의 이사회는 리더들이 적절한 경영수업을 받았는지 확인해야 한다. 새로운 리더는 또한 적절하게 자문을 해 줄 사람과 연결되어야 하며 리더십 코치 훈련도 받아야 한다. 이런 모든 사항에 대한 예산이 우선적으로 마련되어야 하며 예산 작성 과정에서도 이 부분에 대한 예산은 양보돼서는 안 된다.

여러해 동안, 많은 비영리 기관들과 기부자들은 비효율적이며 비효과적인 조직을 허용해 왔으며 심지어는 재정적인 지원까지 받기도 하였다. 그러나 더 이상은 통하지 않는다. 요즈음의 기부자 고객, 단속 공무원, 대출 기관들은, 기관 투자자들이 영리 조직들에게 요구해 왔던 수준과 같은 재정적인 규율을 요구하고 있다. 이들이 그전까지는 한번도 요구하지 않았던 질문에 대한 대답을 이제는 요구하고 있다. 당신 조직의 성공을 어떻게 객관적으로 측정할 것인가? 현재 재정 상황이 전략 계획과 조직 구조를 충분히 뒷받침하는가? 조직이 진정으로 변화를 만들고 있다는 것을 보여주기 위한 측정 기준은 무엇인가? 이 질문과 그 대답은 비영리 조직, 대학, 정부 또는 종교 기관의 이사회에 재직하고 있는 사람들에게 시사하는 바가 매우 크다. 비영리 조직의 리더들에게는 이제 더 높은 수준의 실적이 기대될 뿐 아니라 그들은 조직의 선의를 결과로 변화시키고 이 결과를 입증할 수 있는 객관적인 자료를 제공해야만 한다. 기준이 높아진 것이다. 기업세계에서 아이디어를 차용하고 이를 실행하려 하지 않는 비영리 조직들은 사실상 오래가지 못한다.

많은 비영리 조직의 리더들이 이 사실을 인식하고 있다. 이 비영리 조직들은, 그 결과 비전을 창출하고 조직문화가 그들의 비전과 신념 체계를 뒷받침하도록 한다는 점에서 영리 기관을 훨씬 앞서게 되었다. 구세군, 적십자, 밸파레이소 대학과 같은 조직들은 비전 창출, 직원, 자원봉사자, 관련자들이 개인적 희생에도 불구하고 공동의 목표를 이루는 괄목할 만한 성과를 보여주고 있다. 오히려 영리 조직들이 보다 효율적으로 조직을 운영하는 데 도움이 되는 의견을 얻기 위해 이런 비영리 조직들을 관찰하고 있다. 예를 들어, 《포춘》지 선정 500대 기업들 중 많은 기업들은 간부들에게 『구세군의 리더십*The Most Effective Organization in the U.S.: Leadership Secrets of the Salvation Army*』이란 책을 읽게 하고 있다. 피터 드러커가 구세군을 세계에서 가장 효율적인 조직이라고 말한 내용을 들으면 더욱 놀랄지도 모른다.

잘 운영되고 있는 영리 조직은 종종 잘 운영되고 있는 비영리 조직과 같다. 그리고 잘 운영되고 있는 비영리 조직은 영리 조직의 기준으로 평가되기를 바라고 있다. 각각의 비즈니스 모델이 가지고 있는 자연적인 강점을 도입하게 되면 득이 매우 크다. 기독교인 리더들은 영리 조직과 비영리 조직 모두에서 강점을 가지고 있는데 그 이유는 성서에 기초한 가치관으로 인해 그만큼 어려운 결정을 실행할 때 진심으로 다른 사람들을 배려하기 때문이다. 우리는 또한 역대기하 20장 15절의 "두려워하거나 겁내지 말아라. 이 전쟁은 너희가 하는 것이 아니라, 내 하나님이 맡아 하는 것이다."라는 말씀에서 자신감을 얻는다.

전문가들은 어떻게 이야기하는가?

사람의 인생과 마찬가지로 전략기획 또한 끊임없는 배움의 과정을 가지고 있다. 나의 커리어 과정에서 나는 전략기획에 있어 가치중심적이며 기독교인 중심인 멘토 두 사람을 만날 수 있었다. 그 두 사람은 조직 컨설턴트 린 워커와 딕 테소로이다. 나는 모든 경영자들은 자신이 믿고 충고를 구할 수 있는 자신만의 코치로부터 많은 도움을 받을 수 있다고 생각한다. 나 또한 리더십을 구축해가는 과정에 있는 모든 사람에게 내가 알아낸 유용한 정보들을 권하려고 한다.

짐 콜린스의 『좋은 기업을 넘어 위대한 기업으로Good to Great』는 우리 조직이 2003년 전략기획 과정에서 지침서로 채택한 책이다. 좋은 조직이 어떻게 위대한 조직이 되는가에 대한 콜린스의 선구적인 연구는 우리의 회의, 기획과 행동에 막대한 영향을 주었다. 우선, 콜린스에 의하면 조직은 어디로 가야 할지를 정하기 전에 조직에 맞는 사람들을 버스에 태우고 있어야 한다. 다른 사람들의 믿음과는 반대로 전략기획을 본격적으로 시작하기 전, 이에 알맞은 리더가 제자리에 있어야만 한다는 것이다. 그리고 기획팀에 알맞은 사람들이 배치되었는지를 찬찬히 살펴보아야 한다. 그렇지 않다면 다시 팀에 맞는 사람들을 찾아 조직이라는 버스에 합류시켜야 한다. 이렇게 해야만 조직은 효과적으로 전략을 결정하고 실행할 수 있는 것이다. 다음은 콜린스가 '고슴도치 개념Hedgehog Concept' 이라고 칭하는 것으로 모든 조직은 다음과 같은 세 가지 질문에 답해야 한다.

- 자신이 열정적으로 빠져있는 것은 무엇인가?
- 자신의 경제적 엔진을 움직이는 것은 무엇인가?
- 자신이 세계에서 가장 잘하는 것은 무엇인가?

조직이 진정 위대한 조직으로 거듭나려면 위의 질문들에 대한 대답에 집중적으로 노력해야 한다. 전략기획은 조직의 리더와 조직이 열정적으로 관심을 두고 있는 것, 적절한 마진을 보장하는 사업, 조직이 진정 세계적인 수준으로 실행하고 판매할 수 있는 사업을 중심으로 세워져야만 한다.

내가 생각을 정리하는 과정에서 도움이 되었던 또 다른 저서로는 콜린스와 포라스의 『성공하는 기업들의 8가지 습관』이다. 이 책에서, 저자들은 단순히 비전 선언문만 가지고 있는 조직과 조직문화와 비전이 일치하는 진정한 비전을 지닌 조직의 차이점을 설명하고 있다.

비전이 있는 기업의 핵심은 조직의 핵심 사상과 전진을 위한 조직 고유의 원동력을 조직의 구조-목표, 전략, 전술, 정책, 프로세스, 문화적 관행, 경영 습관, 정리하고, 급여 체계, 회계 체계, 업무 설계-에, 그리고 기업이 하는 모든 것에 반영하는 것에서 나타난다. 비전이 있는 기업은, 회사의 사상이나 야망을 상호 강화효과를 내는 신호로 직원에게 쏟아부음으로써 직원들을 감싸고 있는 총체적 환경을 창출해 낸다.

만약 조직의 가치관과 행동이 일치하고 있다면 조직과 접촉하는 모든 사람들에게는 이러한 요소가 이미 명백하게 보일 것이다. 가치관은 조직을 정의하고 다른 기업들과 차별화시키는 것이다. 직원, 고객, 그리고 관련자들은 인쇄된 문서를 보지 않아도 조직이 추구하고 있는 가치관을 알 수 있어야 한다. 그리고 조직의 핵심 가치관은 변하지 않아야 하며 동시에 조직의 전략, 구조, 체계와 정책 등은 항상 변화에 개방되어 있어야 한다.

콜린스와 포라스가 채택한 개념 중 유용한 것 한 가지는 '크고 감당하기 힘든 대담한 목표(Big Hairy Audacious Goal, BHAG)'를 세우라는 것이다. "이 대담한 목표는 사람들을 몰입시키며 사람들을 사로잡는다. 또한 실제적이고 에너지를 준다. 사람들은 바로 이를 '이해한다'. 설명이 아예 필요 없다." 크고 감당하기 힘든 대담한 목표BHAG의 예로는 존 F. 케네디 전 대통령의 "우리는 달에 갈 것입니다."라는 선언이 있다. GE의 "우리가 진출해 있는 모든 시장에서 1위 또는 2위가 된다."도 한 예이다. 또한 1990년 월마트WalMart는 10년 내에 점포수를 두 배

로 늘리고 제곱피트당 매출을 60퍼센트 증가시키겠다는 대담한 목표를 세웠고, 이를 이룩해냈다

내가 이끌고 있는 조직 역시 BHAG 개념을 성공적으로 이용하였다. 6년 전, 우리는 텍사스 최대, 그리고 최고의 아동 서비스를 제공하겠다는 내부 목표를 수립하였다. 당시 우리는 텍사스주 내에서 아주 미미한 존재였다. 4년 후, 끊임없는 노력과 며칠 동안 불면의 밤을 지새면서 우리는 우리의 목표를 이뤄냈고 현재 텍사스주에서 3,000만 달러 예산의 아동 서비스를 제공하게 되었다. 2000년, 우리는 500만 달러를 기부자들로부터 모금하겠다는 BHAG를 수립하였다. 이 목표는 그 당시까지 가장 많은 모금액수가 300만 달러였기 때문에 아주 의미심장했다. 우리는 우리의 목표를 공개적으로 이야기하고 계획을 세웠으며 매달 성취도를 확인하였다. 우리가 BHAG를 달성하게 되었을 때 우리는 시간을 내어 이 성과를 자축하였다. 어떤 사람들은 우리가 목표를 달성할 수 있을지 의심도 하였지만 우리는 우리가 할 수 있다는 것을 알고 있었다. 콜린스와 포라스가 지적한 바와 같이 BHAG는 내부의 사람들보다는 외부 사람들에게 더 대담하게 보인다.

지속 가능하면서도 영원한 가치를 더하는 변화를 창출한다는 것은 어느 조직에나 어려운 일이다. 리더의 가장 중요한 역할 중 하나는 먼저 변화의 모범을 세운 후 변화를 허용하는 환경을 조성하는 것이다. 이 주제에 관한 나의 견해에 영향을 미친 저서는 존 코터의 『기업이 원하는 변화의 리더Leading Change』이다. 코터는 대부분의 조직에서 새로운 전략이 잘 실행되지 않는 이유, 기업 인수가 기대했던 시너지 효과를 가져오지 못하는 이유, 구조조정에 시간과 비용이 많이 드는 이

유, 인원 감축이 비용 절감에 효과가 없는 이유, 품질 개선 프로그램이 바랐던 결과를 가져오지 못하는 이유 등을 설명하고 있다. 그 해결책으로 코터는 지속적인 변화를 가져올 수 있는 8단계의 프로그램을 소개한다.

1. 위기감 조성
2. 강력한 팀의 구성
3. 비전과 전략 개발
4. 새로운 비전을 널리 알리기
5. 부하직원의 권한 넓혀주기
6. 단기간에 가시적인 성과 얻기
7. 소득을 통합하여 더 많은 변화 창출
8. 조직문화에 새로운 제도 정착

코터가 제안한 프로그램은 비즈니스 전략을 제공할 뿐 아니라 프로그램 진행 중에 빠지기 쉬운 함정들도 정확하게 설명해주기 때문에 유용하다. 예를 들어 그는 중요한 변화가 일어나려면 많은 직원들이 매일의 업무 중 자신이 맡은 책임 이상의 일을 해야만 한다고 주장한다. 100명의 직원이 있는 조직이라면 중요한 변화를 만들어 내기 위해서 적어도 24명이 보통의 책임 이상을 해줘야만 한다는 것이다. 10만 명의 직원을 보유한 회사라면 그 수는 1만 5,000명으로 올라간다. 이렇게 하려면 리더들은 위기감을 조성하고 다른 사람들에게 이를 적절하게 알려야 하는 것이다.

마지막으로 조직의 라이프사이클이라는 개념을 완성한 저서를 소개하겠다. 모든 조직의 라이프사이클은 아래에 소개된 S자형의 곡선으로 나타낼 수 있다.

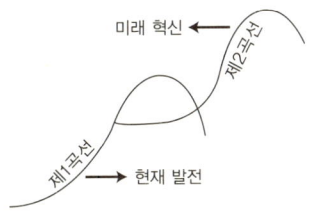

롤러코스터를 타는 것과 같이 조직은 일정한 속도로 성장하고 모든 사람은 레일의 꼭대기에 도착할 때까지는 이를 즐긴다. 그러나 제품은 성숙기에 들게 되고, 제품은 흔해지고 리더는 자만에 빠지며, 시장은 변화한다. 그러면 조직은 갑자기 방향을 틀어 가파르게 떨어지게 된다. 켄 블랜차드와 테리 웨그혼은 그들의 저서 『미션 파서블*Mission Possible*』에서 성공적인 조직은 자신의 현재곡선에서 어디에 위치하고 있는지에 관심을 기울여야 할 뿐 아니라 동시에 미래곡선을 만들기 시작해야 한다고 설명하고 있다. 그들은, 세계 수준의 조직이란 현재와 미래의 성공 곡선 중 하나가 아니라 동시에 두 곡선 모두에 효과적으로 대처하고 양쪽 모두에서 무엇인가를 배우는 조직이라고 설명한다. 양쪽 곡선 모두에 동시에 관심을 기울임으로써 당신의 조직은 외부의 변화가 위기로 발전하기 전에 적응할 수 있게 된다.

이 도표는, 우리의 조직이 매일 행하는 활동 중 일부는 현재 우리가 위치해 있는 성공 곡선을 유지하고 발전시키는 데 힘쓰고 동시에 일부는 미래의 성공 곡선을 창출하는 데 투입되어야 한다는 사실을 보여주고 있다. 이 개념은 또한 우리 조직이 제2의 성공 곡선을 창출하기 위한 직원 보강과 같은 결정을 내리는 데 도움이 되었다. 나는 조직의 리더들을 제1곡선형, 제2곡선형, 또는 혼합형 리더로 분류했다. 나는 제2곡선형 리더들이 취한 행동의 결과로 생긴 실수나 수익 저하에는 좀더 관대하게 대한다. 그들은 제2곡선을 생성하기 위해 새로운 분야를 개척하고 있기 때문이다.

동료간의 네트워크를 반영하는 조직구조

리더의 역할은 전체 전략기획 과정에서 전반적인 방향을 관리하는 것이다. 오늘날 세세한 것에 집착하는 리더는 책임 분할이 잘 되지 않아 결국에는 지속적인 사업 추구가 되지 않기 때문에 실패하게 된다. 이런 경우라면 전략기획이 직원들 책상 서랍에서 먼지만 뒤집어쓰는 죽은 문서가 될 것임은 자명하다. 동시에 오늘날과 같이 빠르게 변화하는 세계에서 리더들에게는 방아쇠를 당기기 전 모든 자료를 면밀히 검토해야 하는 하의상달식의 의사 결정 과정을 거칠 만한 사치가 허용되지 않는다. 그러나 결국 리더는 그리스도 중심의 결정이 되도록 리더십의 황금률에 기초한 조직의 핵심 가치를 형성해야 한다. 이런 정신을 통해서, 모든 직원들로 하여금 결정을 하고 위험을 감수하며 변화를 만들어 내고 사명에 기초한 목표를 이룰 수 있도록 해주는 환경을 조직이 창출해냄으로써 그 조직은 가지고 있는 가능성을 완전히 발휘할 수 있게 된다.

조직에 속한 거의 모든 사람들은 자신이 맡고 있는 임무에 대해서는 조직의 사명 추구와 관련하여 결정을 내릴 수 있는 자유와 기회를 원한다. 리더십의 황금률 하에서 조직을 이끌게 되면, 우리는 리더로서 우리 직원들에게 이러한 기회를 줄 수 있는 지위에 서게 된다. 이는 기독교인으로서 적절한 행동일 뿐 아니라 사업상으로도 아주 현명한 일이다. 21세기로 들어서면서 우리들은 명령과 통제의 리더십 모델에서 형성과 영향의 리더십 모델로, 계급적 조직구조에서 동료간의 네트워크를 반영하는 조직구조로 변화해 왔다. 딜루이트 투쉬 토마츠사의 CEO 제임스 코프랜드는 이 두 가지 조직 모델의 차이가 단지 신경제와 구경제의 차이만은 아니라고 말하고 있다. 대신 그는 최종적인 승자와 패자를, 변화에 적응할 수 있고, 자신들을 재개발하며, 기술적 발전을 이용할 수 있는 기업과 그렇지 못한 기업으로 나누고 있다. 코프랜드는 효과적인 전략기획 과정에 대해서 다음과 같이 언급하였다.

당신이 할 수 있는 일은 계획을 통제하고, 이루고자 하는 일에 대한 전반적인 방향을 설정하고, 기획 과정이 역동적이고 변화 가능한 것인지를 확인하는 일이다. 우선 조직의 문화를 관리해야 한다. 조직의 문화란 핵심적인 공동의 가치관, 변하면 안 되는 것들, 그리고 변화의 시기에 조직을 정착시키는 데 필요한 것들이다. 그 후, 이런 환경에서 사람들이 일을 하고, 계획을 현실화시키며 위험을 감수하도록 힘을 주어야 한다. 직원들이 어떤 일을 정말로 잘 한다면 이는 당신에게도 좋은 것이다. 그들이 한 일이 실수로 판명된다면 당신은 나서서 "이것은 내

책임입니다."라고 말할 수 있는 준비가 되어 있어야 한다.

진정한 리더십이란 지위의 문제가 아니다. 자신이 리더라고 생각하고 있는 사람이 바로 리더인 것이다. 전략기획과 관련한 리더의 업무 실적은 조직에서 성장한 다른 리더들의 수로 측정되기도 한다. 기획 과정에 모두가 참여할 수 있도록 개방하는 경우, 유능한 리더들을 유치하고 유지할 수 있게 된다. 그 결과 바로 조직의 성공을 위한 탄탄한 틀을 제공해주며, 고위 간부들이 자신만의 계획을 세우고 또는 자신만의 목표를 창출할 수 있다. 리더는 새로운 리더들을 리더십 팀의 멘토나 교사들과 연결시켜주어 창의력을 고무해주고 실수를 용서하는 환경을 창출하도록 해야 한다. 이처럼 전체 조직과 리더십의 책임을 공유하려는 리더는 오늘날의 변화무쌍한 환경에서도 조직에 새로운 가치를 계속 더할 수 있을 것이다.

5

리더십 팀을 양성하고 지도하라

리더들은 추종자를 만들지 않는다. 그들은 더 많은 리더들을 만들어 낸다.
톰 피터스 Tom Peters

EXECUTIVE VALUES

리더십 팀을 양성하고 지도하는 것은 팀에 봉사할 사람을 선택하는 것만큼이나 아주 중요한 과제이다. 배경, 창의력이나 재능에 관계없이 구성원들은 격려와 지도를 필요로 한다. 그리고 그들은 멘토에게서 지도를 받아 많은 도움을 얻는 것과 마찬가지로 자신이 이끄는 팀의 구성원들을 양성하고 지도하기를 원한다. 이러한 과정은 조직에 장기적인 가치를 더하는 리더십의 황금률을 따르는 또 다른 방법이기도 하다.

마태복음은 예수님께서 추종자가 아니라 리더를 만들어내셨다는 점을 잘 시사하고 있다. 예수께서는 자신의 팀을 직접 선택하고, 개발하고, 지도하셨던 것이다. 글렌 케라인은 예수께서 직접 제자를 부르신(마태 4:18–22) 과정을 우리에게 알려준 사람이다. 예수는 그의 주변에 있게 될 사람을, 그리고 구원의 복음을 세상에 퍼뜨리는 일을 하게 될 팀의 일원이 될 사람을(마태 28:19–20) 선택하는 것이 얼마나 중요한지 강조하셨다. 예수께서는 산상수훈과 같은 자리를 마련하여 제자들에게 가치관과 그분의 사명의 원칙에 대해 가르치셨다.(마태 5–7) 12명의 제자들 중, 예수께서는 베드로, 야고보, 요한 세 사람의 측근들과 특별히 많은 시간을 보냈고 그들의 잠재력을 인정하고 선교 사명을 위해 그들에게 권한을 주셨다. 결론적으로 예수께서는 제자들을 섬기는 리더였던 것이다. 그분은 친히 허리를 굽혀 제자들의 발까지 씻겨 주셨던 것이다.(마태 20:26–28) 예수께서는 목표를 성취하기 위해 팀에게 권한을 주어 리더십의 황금률을 실천하는 본을 보여주셨다.

우리는 종종 우리의 자녀들을 우리가 남기고 갈 유산으로 보는 경향이 있다. 기독교인 리더로서 우리는 또한 직원들을 같은 관점에서 보기도 한다. 언젠가 세계에 의미 있는 변화를 가져올 자리에 오르게 될 동료를 남기는 것보다 더 나은 유산이 어디에 있겠는가? 한 사람의 영향과 본을 받아 다른 사람이 성장하고 성숙해져 가는 것을 보는 일은 만족스러운 일이다. 다른 사람들이 발전할 수 있도록 돕는 것이 바로 하나님이 주신 재능을 책임 있게 관리하는 것이다. 찰스 핸디는 이에 대해 그의 저서 『역설을 넘어서 미래를 이해하기*The Age of Paradox*』에서 다음과 같이 이야기하고 있다.

내 생각으로는 진정한 충족감이란 다른 사람의 일을 내 일처럼 여기는 것이다. 우리는 다른 사람들의 성취, 성장, 행복에서 깊은 만족감을 얻는다. 이를 실천하는 데는 아주 오랜 시간, 어떤 경우에는 평생이 걸리기도 한다. 부모들은 이를 매우 잘 알고 있다. 이는 교사들, 훌륭한 경영인, 그리고 억압받고 불행한 사람들을 염려하는 사람들 모두도 마찬가지이다.

노엘 티시Noel Tichy는 저서 『리더십 엔진*The Leadership Engine*』에서 리더를 재생산하는 사람들로 채워진 조직이 최고의 조직이라고 설명하고 있다. 리더들이 각자가 맡고 있는 팀을 양성하고 지도하려는 순수한 열정이 있으면 그 리더들의 부하 직원들도 리더들의 행동을 자연스럽게 되풀이하게 된다. 이러한 관행은 조직 내에 있는 모든 직위의 모든 사람에게 곧 영향을 미치게 된다. 이번 장에서는 부하를 양성하고 지도하는 리더가 왜 조직의 성공에 필수적인지에 대해 알아보도록 하겠다.

직원들의 요구 조건의 변화

오늘날 직업 세계에서 한때 존중받았던 무언의 고용 계약 조건들은 바뀌었다. 회사들은 더 이상 직원들에게 먼 미래를 장담할 수 없게 되었다. 어느 때보다 불확실하고 통제할 수 없는 미래의 많은 요소들로 인해 조직의 요구도 변화하기 때문이다. 오늘날의 기업 환경에서 운영되고 있는 선견지명을 가진 조직의 리더로서 우리는 직원들에게 도전이 될 만한 업무를 주고 그들이 개인적으로 성장할 수 있도록 도와준다고 약속한다. 즉각적인 보수에 대한 기대와 자기계발을 위한 강한 열망으로, 오늘날의 노동자들은 조직이 그들의 약속을 지킨다면 자신들도 최선을 다할 것이라고 약속한다. 그러나 현실은 우리가 아무리 현재의 유망한 직원들을 잘 대우해도 그들은 언제든 새로운 조건을 찾아 떠날 준비가 되어 있다. 직원의 궁극적인 충성심은 고용주를 향한 것이 아니라 자기 자신을 향한 것이다. 이는 특히나 직업세계에 새로

이 진출하는 신세대들에게 더욱 분명하게 나타난다.

신세대 청년들은 《딜버트》라는 만화를 보면서 자랐다. 그들은 딜버트에게서 인원 감축, 구조조정, 또는 조직에 의해 끝내는 버림받지만 자신의 직장을 신뢰하고 충성하는 부모들의 모습을 보았다. 이 젊은 노동자들도 당연히 진정한 직업적 안정을 얻는 길은 기술을 연마하고 자신감을 갖는 데서 온다는 것을 알고 있다. 결과적으로 이 젊은 노동자들은 자신들의 가치를 인정받고, 계속해서 자신의 기술을 향상시킬 수 있다고 믿는 한 조직에 머무른다. 이들의 요구에 관심을 기울이지 않은 간부들은 재능 있는 사람들을 잃게 된다. 이런 유망한 직원들은 또한 리더들이 방심하지 않도록 하기도 한다. 요즈음의 직원들은 나쁜 간부를 두고 보지 않는다. 몬샌토Monsanto의 인사담당 부사장 도나 킨들은 다음과 같이 예측한다. "5년이면 나쁜 간부들은 존재하지 않게 될 것입니다. 사람들은 자신들의 요구를 이해하지 못하는 재능 없는 간부들과 일할 필요가 없게 됩니다. 회사는 나쁜 간부들을 감당할 여력이 없습니다."

연구 결과들

사도 바울은 빌립보서 2장 3-4절에서 "어떤 일을 하든지, 다툼이나 허영으로 하지 말고, 겸손한 마음으로 하고, 서로 자기보다 남을 낮게 여기십시오. 또한 여러분은 자기 일만 돌보지 말고, 서로 다른 사람들의 일도 돌보아 주십시오."라고 하였다. 최근 갤럽의 조사에 의하면

19퍼센트의 직원들이 자신들의 업무를 의도적으로 회피한다고 대답하였다. 그 이유는 자신들에게 기대되는 바가 무엇인지 불확실하기 때문에, 알맞은 자원이 없기 때문에, 직장에 친구가 없기 때문에, 그리고 상관들이 그들을 무시한다고 생각하기 때문이라고 한다. 이 연구 조사는 또한 일을 회피하는 직원들은 결근도 더 많고 직장에 대한 충성도도 다른 직원들보다 낮다는 결과를 보였다. 갤럽은 이러한 업무 회피로 인해 미국의 조직들이 낭비하는 비용이 연간 2,920억 달러에서 3,550억 달러에 이를 것이라고 추정했다. 갤럽은 업무에 몰두하는 직원의 주된 변수는 그 직원의 직속 상관이라는 사실도 발견하였다. 이와 유사하게, 찰스 슈왑은 직원 이직의 제1의 원인이 능력이 부족한 간부라는 사실을 알아냈다.

그럼 직원들이 고용주와 상관들에게 정말로 원하는 것은 무엇일까? 헤이 그룹Hay Group은 연구를 위해 3년에 걸쳐 300개 이상의 기업에서 일하고 있는 50만 명의 직원들에게 설문조사를 실시하였다. 연구 결과, 회사에 남을 것인지 아닌지를 결정하는 데 영향을 미치는 주요 요소 세 가지를 찾게 되었다. 첫째, 직원들은 새로운 기술을 배울 기회를 갈망한다. 둘째, 직원들은 상관들로부터 지도와 피드백을 받기를 원한다. 셋째 요소는 업무의 성격이다. 또 다른 연구 조사에서도 유사한 결과가 나타났다. 「1998년 인력 자원 재정 보고서」에 따르면 직원들이 직장을 떠나는 제1의 원인은 개인 능력 개발과 성장을 위한 기회가 한정적으로 제공되기 때문이라고 한다. 그리고 인적 자원 컨설팅회사인 타워스 페린Towers Perrin은 설문조사를 통해 상관의 업무에 대한 직원들의 생각에 영향을 주는 세 가지 요소를 밝혔다.

1. 나의 상관은 모든 사람을 공정하게 대한다. 편애하지 않는다.

2. 나의 상관은 내가 최선을 다할 수 있도록 동기를 준다.

3. 나의 상관은 회사 내에서 성장하고 발전할 수 있는 방법을 내가 이해할 수 있도록 효과적으로 도움을 준다.

이러한 연구조사들은 요즈음의 직원들이 조직에 바라고 있는 바를 강조하고 있다. 돈도 분명히 중요한 요소 중 하나이다. 그러나 더욱 중요한 것은 성장할 수 있는 기회, 재미 있고 공정하게 대해주는 사람들과 함께 일할 수 있는 기회, 전통적인 상관이 아니라 멘토가 되어주는 상관과 일할 수 있는 기회이다. 간부들이 직원들의 기대를 넘어설 때, 그 결과는 보다 성공적인 직원과 조직의 장기적 성공에 긍정적인 영향으로 보답받을 것이다.

직원들의 동기부여

간부는 업무에 적합한 사람을 찾고, 이 사람을 유지하며 그 사람의 실적을 최대화해야 할 책임을 가지고 있다. 상관으로서의 역할은 면접 과정에서부터 시작된다. 리더가 자신보다 명석한 사람을 고용해야 한다는 이야기는 너무 진부하다. 극단적인 표현을 하자면 청소원을 조직 내에서 가장 지적인 직원으로 만드는 것이나 다름 없는 것이다. (놀랄 일은 아니지만 어떤 경우에는 정말 그렇기도 하다.) 그러나 이 말은 기본적으로는 맞는 말이다. 나는 직원 고용 과정에서 다음의 세 가지 사항을 눈여겨 본다. 첫째, 중심 가치관이 내 가치관만큼 또는 보다 강한 개인을 원한다. 이로 인해 나는 신뢰할 수 있고 나와 다른 사람들의 모범이 되는 직원을 찾을 수 있다. 둘째, 자신의 전문 분야에서 나보다 더 명석한 사람을 찾는다. 이런 사람은 나에게 새로운 것을 가르쳐줄 수 있고 견고한 전략과 운영 계획을 종합하여 팀 리더가 될 수 있다. 셋째,

팀 플레이어가 될 수 있는 사람, 섬기는 리더로서의 역할을 효과적으로 보여주는 사람을 찾는다.

이런 자격 조건을 만족시키는 사람을 고용하는 것은 단지 시작일 뿐이다. 다음으로 그 개인이 장기적으로 조직에 남아야만 한다. 이 과제 또한 면접 동안에 시작된다. 최초 면접에서 간부는 후보의 장기적 목표를 알아내고 그 목표 성취에 도움이 될 계획에 착수할 수 있는 기회를 준다. 한 사람에 대한 계획이라는 것은 웹디자인 강의를 받게 한다거나 기업 재정에 관한 강의를 받게 하는 것을 의미한다. 또 다른 계획으로는 직무 내용 설명에 맞는 폭넓은 기술과 경험을 쌓게 함으로써 현재의 직위에서 승진할 수 있도록 준비시키는 것이 될 수도 있다. 팀 구성원들은 커리어를 통해 자신이 계속 성장할 것이라는 기대를 가진다. 리더의 역할은 바로 직원들이 자신의 꿈을 실현하도록 도와서 직원들과 조직 모두가 현재와 미래에 혜택을 받을 수 있도록 하는 것이다.

효과적인 경영 체계의 시행

부적절한 관행, 부주의함, 그리고 단순한 게으름 등으로 인해 많은 조직들은 직원 관리의 기본인 몇 가지 간단한 규칙을 지키지 못하고 있다.

- 각 직원별로 포괄적인 직무 내용 설명서를 만든다.

- 각 직원별로 연간 목표를 수립한다.
- 정기적으로 자신에게 보고하는 직속 부하직원들과 만나 직무 내용, 목표를 검토하고 변경할 사항이 있는지, 직원에게 추가적인 자원이나 도움이 필요한지를 알아보고 직원의 실적에 관해 정직하고 건설적인 대화를 나눈다.
- 각 직원이 특정 목표를 성취할 책임을 지도록 한다.
- 개인별, 그룹별 실적을 모두 연도별로 비교하여 측정, 관리한다.
- 조직에 생긴 긍정적인 변화와 부정적인 변화 모두에 대해 정기적으로 정보를 공유한다.
- 직원들이 아이디어와 불만사항을 제기할 수 있는 기회를 개발하고 장려한다.
- 직위에만 기준을 둔 혜택은 최소화한다.

이 기본 경영 원칙을 시행하고 준수하는 것이 공정한 조직문화를 창출할 뿐 아니라 직원들에게 동기를 고취하고 이들의 실적을 강화시키는 첫걸음이다. 여기에서부터 경영진은 직원들의 삶을 변화시키고 조직에 가치를 더하는 여정에서 한 걸음 앞서 나갈 수 있는 것이다.

직원과 조직의 사명을 연결하라

모든 직원들이 매일 고객들과 대면할 수 있는 것은 아니다. 어음 관리팀의 직원들은 일상 업무에서 고객들과 대면할 기회가 거의 없다.

대인 접촉이 없는 이러한 업무의 경우 많은 직원들은 자신이 조직의 사명과 깊이 연관되어 있다고 생각하기 힘들게 된다.

이런 직원들이 정서적으로 조직의 사명과 연결되어 있도록 하는 것이 상관의 책임이다. 경영진이 이를 행하려면 조직의 사명과 가치관을 서면으로 작성하고 이를 모든 전체 직원 회의, 연설, 사보, 비디오 등 가능한 방법 모두를 사용하여 직원들에게 이야기해야 한다.

아메리칸 항공사의 텔레비전 광고 중 성공적이었던 광고를 보면 이 회사의 기술자가 탑승 대기중인 가족들을 보면서 분주한 공항을 지나가는 장면이 나온다. 가족들의 얼굴은 그가 생계를 위해 하는 일과 실제 사람들의 생명을 연결시킴으로써 비행기를 철저하게 검사해야 한다는 책임을 상기시켜 준다. 이 광고는 물론 품질과 안전에 대한 항공사의 의지에 대한 소비자들의 신뢰를 높이기 위해서 만들어진 것이다. 이는 또한 조직이 개별적인 직원들의 업무와 조직 전체의 사명과 가치관 사이를 어떻게 연관시킬 것인가를 보여주는 좋은 예이기도 하다.

병원의 어음 관리팀의 경우 팀원들에게 병원 대기실에 가서 환자들과 이야기하도록 하거나 병원에서 자원봉사를 할 수 있도록 휴가를 주는 방법을 사용할 수 있다. 직원과 조직의 사명을 연결시키는 방법은 상황에 따라 매우 다양하다. 관건은 조직들이 사명과 접촉할 수 있도록 가능한 한 많은 기회를 주어야 한다는 것이다.

CHAPTER 3

즉각적인 피드백

연간 실적 검토는 필요하기는 하지만 직원에게 효과적인 피드백을 제공하는 데 있어서는 단지 작은 부분을 차지할 뿐이다. 드루 인더스트리(Drew Industries, 캠핑카 및 주택 부품 생산업체)사의 사장 겸 CEO 리 아브람스는 회사를 떠나려고 하는 젊고 재능 있는 직원에 대한 이야기를 한 적이 있다. 그는 이 직원을 사무실로 불러서 왜 퇴사하려고 하는지 물었다. 그들의 대화는 다음과 같았다.

"제가 필요한 존재라는 느낌이 들지 않습니다."라고 직원이 말했다.

"두달 전 크리스마스에 봉급도 대폭 인상해 주었고 자네가 잘 하고 있다고 이야기하지 않았나."

"네, 그렇지만 그것은 두달 전 이야기죠."

"그럼, 얼마나 자주 잘 하고 있다는 이야기를 해야 한다고 생각하는 가?" 경영자가 물었다.

젊은 직원의 대답은 "매일이요."였다.

이 이야기는 제대로 수행된 업무에 대해서 정기적으로 칭찬을 해주는 것이 얼마나 중요한지, 그리고 정기적으로 칭찬을 해야 하는 책임을 수행하는 데 연간 실적 검토가 얼마나 미미한 부분을 차지하는지를 잘 보여주고 있다. 직원의 훌륭한 실적을 효과적으로 칭찬하는 방법은 자주 칭찬하기, 특정 성과에 대해서 칭찬하기, 가능한 한 공개적으로 하기 등이다.

즉각적이면서 매일 제공되는 피드백은 오늘날의 기업 환경에서 직원들을 유지하고 동기를 부여하기 위해서 필수불가결하다. 그러나 직원들이 간부들의 실적에 대해서 정직한 피드백을 제공하는 것 또한 이와 마찬가지로 중요하다. 간부와 직속 부하 간에 필요한 신뢰를 쌓는 방법 중 하나는 해결책에 초점을 둔 피드백을 주고받는 것이다. 예를 들어, 간부로서 당신과 한 직원이 한 고객을 상대로 함께 일하고 있고 당신이 지금 막 고객에게 제안서 프레젠테이션을 마쳤다고 가정하자. 회의 후 당신은 동료에게 프레젠테이션에 대한 정직한 비평을 해달라고 요청할 것이다. 보다 나은 프레젠테이션을 하기 위해서 다르게 했으면 좋았을 만한 구체적인 예를 이야기 해달라고 요청해야 한다. 비평은 개인의 성격이 아니라 프레젠테이션 내용에 초점이 맞춰져야 한다. 이렇게 함으로써 대화가 인신 공격이 되는 것을 방지하고 대신 당신의 기술을 향상시키는 방법에 대한 구체적이고 긍정적인 제안에 초점을 맞출 수 있게 된다. 이런 방식으로 피드백을 받아들이게 되면 상사와 직원 간의 신뢰의 수준을 더욱 깊게 할 수 있다.

직원들의 실적 검토

오늘날 대부분의 조직이 가지고 있는 가치 선언문이나 인사 지침서를 보면 직원을 공정하게 대우하고 존중한다는 사실을 장황하게 밝히고 있다는 것을 발견할 수 있다. 이러한 말들은 문서상에서는 좋아 보이지만 이를 실행하기란 어려운 일이다. 필요한 경우 직원들에게 그가 가진 재능이나 그의 일이 직위와 맞지 않는다는 이야기를 해야 하기도 한다. 사람들이 듣기 싫어하는 말을 하는 것은 쉬운 일이 아니다. 우리는 진실을 이야기하여 다른 사람의 감정을 다치게 하는 위험을 감수하기보다는 입을 다물고 싶어한다. 그렇지만 그렇게 함으로써 우리는 직원과 조직 모두에게 해를 입히게 된다. 직원들은 정직하고 솔직하게 대우받고 싶어 한다. 나는 직원들이 자신의 업무에 대해 책임을 부여받고 싶어하고 그들의 실적을 어떻게 향상시킬 수 있는 지에 대한 건설적인 피드백을 받고 싶어한다는 사실을 발견했다.

물론 직원들이 기대에 미치지 못하는 실적을 내는 경우도 있다. 이러한 경우에 리더로서 내가 취하는 첫 번째 조치는 이 실패라 여겨지는 일에 있어 내 자신의 역할을 평가한다. 이때 자신에게 묻는 질문은 다음과 같다.

- 그 직원에 대한 기대를 명확하게 이야기했는가?
- 직원이 자신의 보직에서 성공하기 위한 충분한 훈련을 받았는가, 또 올바른 도구와 정보를 가지고 있었는가?
- 나는 믿을 수 있는 멘토였나, 아니면 그 직원을 너무 많이 내버려 두었는가?
- 직원이 업무를 수행하는 데 적절한 권한을 주었는가?
- 직원의 임무 성취를 저해하는 외부적인 요인은 무엇인가?

이 질문들에 만족스러운 대답을 찾은 후에만 나는 직원과 만나서 정직하고 솔직한 대화를 나눈다.

직원들의 나쁜 실적에 대해 이야기할 때 만병통치약과 같은 유일한 방법은 존재하지 않는다. 이에 대한 이야기는 상황과 직원의 성격에 맞춰져야 한다. 예를 들어, 직원이 논리적인 사람이라면 그에게는 추상적이거나 감정적인 면은 배제하고 논리적인 방식으로 접근해야 한다. 항상 일관되게 적용되는 규칙은 다음과 같다.

- 절대로 다른 사람이 있는 곳에서는 이야기하지 않는다.
- 상황이 발생한 즉시, 또는 상황을 발견한 즉시 이에 대해 이야기한다. (간부 중에 직원이 잘못한 사항을 적어서 파일에 보관해 두었다가 연례 실적 평가 시기에 이를 모두 짚고 넘어가는 사람이 있는데 이는 좋은 방법이 아니다.)
- 비판하려는 것이 아니고 도와주려는 의도를 보여주며 직원을 배려하는 태도로 이야기한다.

- 무엇보다도 정직하고 솔직해야 한다.

또한 중요한 것은 직원들이 일에 전념할 수 없게 만들 수도 있는 개인 또는 가족 문제에 대한 신호에 신경을 쓴다. 만일 이러한 상황이 발생한다면 간부는 이 문제를 이야기하고 도움을 줄 것인지, 또는 직원이 개인적인 문제를 해결할 수 있도록 (한도 내에서) 시간을 할애해주거나 필요한 지원책을 강구할 것인지를 생각해서 직원이 다시 일에 집중할 수 있게 방법을 찾아야 한다.

평균 이하의 직원이 계속 낮은 실적을 내도록 내버려 두는 것은 공정치 않다. 기독교인 리더로서 우리는 각 직원에게 정기적으로 정직한 평가를 하고 그 직원이 필요한 기술과 동기를 얻을 수 있게 도와주어야 한다. 만일 모든 조치가 실패한다면 그 직원을 조직에서 내보내야 한다. 이러한 조치를 실행하지 못한다면 조직에 해가 될 수 있으며 더욱 중요한 것은 그가 실패하도록 계속적으로 도와주는 꼴이 된다. 이는 그 직원, 그의 가족, 나아가 그가 속한 공동체에 엄청난 영향을 미칠 수 있다.

그러므로 직원과 좋은 실적, 나쁜 실적 모두에 대해 생산적인 대화를 자주 나누는 것은 아주 중요한 일이다. 이러한 대화는 연간 실적 평가에 대한 스트레스를 줄여준다. 아웃백 스테이크하우스Outback Steakhouse 체인은 이 개념을 아주 흥미로운 방법으로 응용하고 있다. 아웃백의 간부들은 일정한 서면 평가 양식을 사용하지 않는다. 대신 매 근무 교대 시간마다 직원들과 일대일로 대화를 나눠야 한다. 직속 부하직원과 1년 내내 정기적으로 정직하고 솔직하게 대화를 한다면,

연간 실적 평가 자리에서 서로를 신뢰하는 두 사람 사이에는 매우 자연스럽고 쉬우면서 생산적인 대화가 오갈 수 있을 것이다. 이렇게 되면 연간 실적 평가 때에 우리는 다음 해의 공동의 목표에 대해 이야기하고 목표를 이루기 위해 다른 사람들을 어떻게 더 잘 도울 수 있을지, 우리가 가진 기술을 향상시키기 위해 어떤 훈련과 개발이 필요한지, 우리 조직의 사명을 추구하기 위해 우리가 극복해야 할 도전이 무엇인지, 또한 우리의 직업적인 능력의 한계를 끌어올리기 위해 우리가 극복해야 할 것이 무엇인지에 대해 이야기하게 될 것이다.

CHAPTER 4

인사고과 체계의 사용

많은 조직들은 직원의 실적 평가를 위해 인사고과 체계를 채택하고 있다. 간부들은 개별적이고 통합적인 방법으로 직원들을 다양하게 분류한다. 예를 들어 상위 20퍼센트, 중위 60퍼센트, 하위 20퍼센트 등으로 말이다. 제너럴 일렉트릭은 간부들에게 자신의 직원들을 1점에서 5점까지 점수를 매기도록 하고 점수가 낮은 직원들은 다른 일자리를 알아보도록 권고하고 있다. 또 다른 예로 메트로폴리탄 생명보험사 Metropolitan Life Insurance Co.는 여러 해 동안 관료주의적이며 변화에 대한 대응이 느리다는 평가를 받았던 회사이다. 로버트 벤모시Robert Benmosche가 CEO로 취임하면서 리더십 프로그램과 책임 프로그램을 개발하였다. 이 프로그램은 4만 1,000명의 직원들 중 상위 5퍼센트의 직원들에게 비전 있는 사람이 되는 방법, 현명한 결정을 내리는 방법, 메트로폴리탄의 비전을 뒷받침할 수 있는 자신만의 사명을 수립하는 방법 등을 제시하고 있다. 벤모시의 철학은 결과 없는 노력은 소용이 없다는 것이다. 그는 각 경영팀에게 협동해서 직원들 중 상위 30퍼센트, 중위 50퍼센트, 하위 20퍼센트에 해당하는 사람들을 분류하라는 어려운 작업을 요구하곤 하였다. 벤모시는 상위 80퍼센트의 직원에게 적절한 보상을 하고 그들을 인정해주기 위해서는 하위 20퍼센트의 직원을 분류할 필요가 있다고 믿었다. 이 과정은 메트로폴리탄이 우수한 직원을 유지하는 데 도움이 되었던 동시에 생산성이 낮은 직원들을 떠나도록 자극하는 역할을 하기도 하였다.

고과 체계는 간부들이 실적이 낮은 직원들을 확인하고 이들에 대한 정직한 논의를 하는 데 도움이 된다. ICI 글리든 페인트ICI Glidden Paints사도 그러한 점수 체계가 효과적이라는 사실을 인식했다. 이 회사의 전 인사담당 부사장이었던 리 닐슨은 이에 대해 이렇게 이야기한다. "간부들이 직원들, 특히 하위 20퍼센트에 해당하는 직원들과 필요한 변화에 대해 솔직한 대화를 나눌 수 있었던 것이 성공의 열쇠였습니다. 우리는 분기별로 한 번씩 하는 2~3번의 대화 후에 이 직원들이 스스로 회사를 떠나거나 실적을 개선하거나 또는 자신들이 감당할 수 있는 보직을 새로 받거나 해고된다는 사실을 발견했습니다."

한 가지 경고를 하자면, 고과 체계는 모든 조직 또는 모든 상황에 적합한 것은 아니라는 것이다. 예를 들어, 이 체계가 공정하게 시행되지 않거나, 동정심을 가지고 시행되거나, 또는 이미 불건전한 조직문화 속에서 시행되는 경우, 이러한 유형의 평가 체계는 큰 해를 가져올 수 있는 가능성이 있다. 불신을 가져올 수도 있고 간부들이 자료를 조작해서 편애하는 직원들에게 유리하게 한다거나 나이가 많은 직원들을 차별하는 불공정한 수단으로 이용될 수 있기 때문이다. 더욱이 이러한 체계는 구성원 모두가 높은 실적을 올리고 있을 때에만 유용하다. 현재 우리 조직이라는 버스에는 알맞은 사람들만 타고 있기 때문에 모든 사람이 높은 실적을 올리고 있으며 우리 조직에 가치를 더하고 있다.

고과 체계는 경영의 많은 도구들 중 하나로만 인식되어야 하며 경영자는 고과 체계에만 전적으로 의지해서는 안 된다. 이러한 체계는 절대로 직원들과의 관계 형성을 대신할 수 없기 때문이다.

직원 내보내기

해고를 즐기는 사람은 아무도 없다. 대부분의 사람들은 이를 마치 전염병이라도 되는 것처럼 피하려고 애쓴다. 어떤 사람들, 특히 비영리 조직과 교회의 간부들은 비생산적인 직원을 해고하는 것은 기독교인으로서의 행동이 아니라고 생각하기도 한다. 그렇지만 비생산적인 직원에게 계속 봉급을 지급하면 이 조직은 결국 개인적으로나 전체적으로나 모두 낮은 실적밖에 이룩하지 못하게 된다.

조직 컨설턴트 린 워커는 이를 아주 정확하게 지적하고 있다. "친절이 기독교와 동의어로 여겨지고 있다. 때때로 친절하려고 노력하는 것이 도움을 주려는 사람에게 실제로는 해가 되기도 한다." 요점은 친절함이 진실을 은폐할 수도 있으며 그렇게 되면 아무에게도 도움이 되지 않는다는 것이다. 일부 간부들은 위축된 취업 시장을 탓하거나 자리를 채울 다른 직원을 찾을 수 없다고 하면서 자신들의 태도를 정당화하기도 한다. 그러나 비생산적인 직원을 계속 유지하는 데에는 어마어마한 비용이 든다. 실적이 낮은 직원들은 업무를 지연시키거나, 다른 직원들이 자신의 잠재력을 충분히 발휘하지 못하게 함으로써 전체 조직에 악영향을 끼치는 사기 저하의 악순환을 만들어 낸다.

기독교인 리더라면 공정하고 성과 중심적인 태도를 취해야 한다. 절대로 온정에 흔들리는 태도를 보여서는 안 된다. 어떤 직원을 해고할 것인지 아닌지를 결정하는 데 있어 리더는 조직에 있어 무엇이 최선인지를 냉정하면서도 정보에 근거해 결정을 내려야 한다. 리더는 "직원이 실적을 향상할 수 있도록 직원과 내가 함께 행동 계획을 세운다면 어떤 변화가 있을 것인가?" 그리고 "조직 내에 이 직원에게 더 잘 맞는 자리가 있는가?"라는 질문을 해 보아야 한다. 만일 두 질문에 대한 대답이 모두 아니오라면 아무리 기독교인 리더라도 이 직원에게 조직을 떠나도록 인간적으로 요청해야 할 의무가 있는 것이다.

이런 상황에 대처하는 효과적이면서 온정적인 방식 중 한 가지는 그 직원에게 개인적으로 일정 기간 후에 그를 해고할 것이라는 사실을 알려주는 방법이 있다. 그 직원에 대해 걱정하고 있기 때문에 그에게 해고 계획을 알려주는 것이며, 그 직원이 다른 계획을 세우고 이 기간 중 어느 때라도 스스로 퇴사할 수 있도록 해야 한다. 또한 그 직원을 신뢰하고 있으며 이 기간 동안 직원이 계속해서 조직을 지원하기를 바란다는 사실과 만일 그의 행동이 상호 협의에 위배될 때에는 즉시 해고될 것이라는 사실을 이야기해 주어야 한다. 상황에 따라 다르지만 다른 인정 많은 기독교인적인 방법으로는 재취업을 지원하고, 또는 넉

넉한 퇴직금을 지원하기도 한다. 다른 사람들이 동료와 관련된 결정에 대해 듣게 되면 그들은 당신이 직원들로부터 실적을 기대하고 있으며 실적이 없는 사람들에게는 그에 합당한 결과가 따를 것이라는 사실을 알게 된다. 또한 그들은 당신이 얼마나 온정 있고 공정한 방식으로 상황을 처리했는지 알게 되고 이로 인해 당신을 존경하게 될 것이다.

만일 간부들이 실적이 낮은 직원들과 관련해 일관되게 정직하고 솔직한 태도를 보였다면, 그 직원은 아마도 스스로 조직을 떠날 것이다. 한때, 우리 조직에서 오랫동안 일해왔던 비서가 있었다. 그 비서는 필요한 컴퓨터 기술을 습득하지 못했었고 이는 우리 조직의 성공에 방해가 되었다. 나는 그녀에게 자리를 유지하려면 새로운 기술을 습득해야 한다고 이야기했고 필요한 컴퓨터 강의 수강을 위해 수강료와 휴가를 주겠다고 제의했다. 며칠 후 그녀는 나에게 와서 가족들과 더 많은 시간을 보내고 싶다며 이제 퇴직할 준비가 되었다고 이야기했다. 우리는 그녀를 위해서 큰 파티를 열어 주었고, 그녀는 스스로 내린 결정에 따라 행복하게 우리 조직을 떠났다. 나는 정직하고 솔직하며 온정적인 태도로 그녀를 대했고 그녀가 조직을 위해, 그녀를 위해 옳은 일을 할 것이라는 믿음을 가지고 있었다.

고용주들은 종종 직원을 해고하면 사기가 떨어질 것이라는 걱정을 하기도 한다. 사실은 그 반대이다. 자신의 직무를 잘 수행하는 사람들은 비생산적이고 무능한 사람들이 일하는 회사에서 일하기를 원하지 않는다. 그들의 입장에서 보면, 업무를 수행하지 못하는 직원을 해고하는 것은 정의나 평등과 관련된 문제이다. 그들은 동료의 수준 이하의 실적이 그들의 업무만 늘리고 조직의 성공을 저해한다는 사실을 잘 알고 있다. 기독교인적이면서 인간적인 방법으로 이 문제를 처리함으로써 경영진은 직원의 존경을 얻게 되고 다른 사람을 위해서 일을 더 많이 하는 것이 의미 있는 일이라는 것에 대한 본보기도 얻게 된다.

얼마 전, 우리 조직은 아동 치료 시설 중 한 곳에서 일하고 있던 두 직원들의 불법 마약 사용 사건을 처리해야만 했다. 경영진들은 무작위 마약 검사 프로그램 설치에 대해 의견을 나눴는데 직원들이 사생활 침해라고 반발할 수도 있다는 생각에 두려웠다. 우리는 이 문제를 직원 회의에서 제기하고 직원들의 의견을 받기로 했다. 놀랍게도 직원들은 마약 검사에 대대적으로 찬성했다. 직원들은 유능한 동료들과 일하며 학대받은 어린이들을 돌보는 사명을 성취하는 것이 잠시 사생활을 침해당하는 것보다 더 중요하다고 생각했다.

직원을 해고하는 것은 그들이 적합하지 않은 일을 하고 있다고 이야기하는 책임 있는 방법이다. 이로 인해 직원들은 현재의 보직이 자신의 소명이 아니라는 사실을 이해하게 된다. 해고는 그 이상도, 그 이하도 아니다. 일을 수행할 수 없는 사람을 데리고 있는 것은 그 사람에게 거짓말을 하는 것과 다름없는 일이다. 일정 시간이 지나 해고당한 것에 대해 고맙게 여기는 사람도 종종 있다. 이 일은 그로 하여금 자신의 삶을 다시 생각해보게 한다. 잘하는 일은 무엇인지, 못하는 것은 무엇인지, 자신의 시간과 재능을 가장 효과적으로 발휘할 수 있는 곳은 어디인지를 생각하고 그 자신과 세계에 더 적합한 방향을 선택하게 된다.

경영의 도구로서 보수 사용

보수 체계는 직원의 동기에 직접적인 영향을 미친다. 일부 보수 체계는 의도하지 않았던 부정적인 영향을 미치기도 한다. 예를 들어, 많은 조직들은 인센티브 제도와 급여 인상 체계를 재정적인 목표를 달성했는지 여부에 기초하고 있다. 그러나 많은 경우 이러한 인센티브 제도로 인해 매출 송장 날짜를 조작하거나, 배급 체계에 과도한 부담을 지우거나, 제품이 분기 말까지 생산 완료되어 납품될 수 있도록 하기 위해 생산 직원들에게 초과근무수당을 지불하게 만들기도 한다. 그 결과 비효율적이고 자기 이익만 보전하며 근시안적인 행동이 유발되며 이는 조직의 장기적 가치를 저하시킨다.

직원의 실적을 반영하고 직원이 조직에 장기적인 가치를 더해주는지를 객관적으로 판단할 수 있는 보수 체계를 만드는 것은 조직에 매우 중요한 일이다. 지난 10년간 일부 조직들은 '균형 점수표Balanced Scordcard'라고 불리는 제도를 사용해왔다. 실적을 평가하는 데 전통적인 재정적 자료뿐 아니라 조직의 장기 전략의 결과를 분명히 예측할 수 있게 하는 실적 지표를 사용하는 것이다. 전형적인 균형 점수표 체계는 다음과 같은 수치들이 측정된다.

- 고객 분야 : 고객이 조직을 어떻게 보는가.
- 비즈니스 프로세스 분야 : 조직의 중심 프로세스가 가치를 얼마나 잘 생산해내는가.
- 내부 발전 분야 : 조직이 얼마나 잘 학습하고 성장하는가.

- 재정 분야 : 회사가 주주의 요구를 얼마나 잘 충족시키는가.

　균형 점수표 체계는 단기적, 재정적 성과만을 위한 결정이 조직의 장기적 가치에는 역효과를 가져올 수 있다는 문제에 대해 인식시켜 준다. 이 체계가 적합한 방식으로 만들어지고 시행된다면 이는 조직의 장기 전략과 보수 체계를 연결시키는 데 도움이 될 것이다. 예를 들면, 이 체계 하에서, 경영자의 보수 중 경제적 책임 부담 부분은 측정 가능한 재정적 실적뿐만 아니라 조직의 목표, 측정 가능한 고객 만족도와도 연계된다. 이 체계는 분명 옳은 조직문화를 만들기 위한 대용품은 아니다. 그러나 조직문화를 보조하고 전략의 많은 도구들 중 하나로 이용될 수 있는 가능성이 있는 체계이다.

CHAPTER 5

멘토가 되라

멘토가 된다는 것은 사람들이 최선을 다할 수 있도록 해주고 조직을 강화하며 언젠가는 이루어질 리더십의 변화에 준비하고 다른 사람을 섬기라는 예수님의 말씀을 실천하는 보람된 방법이다. 컨설팅 회사인 코너스톤 그룹Cornerstone Group의 공동 설립자 스티븐 그레이브스 박사는 넓은 의미의 멘토의 목적을 다음과 같이 열거하였다.

- 경험이 적은 사람에게 경험을 전수한다.
- 리더들이 보다 성숙해지도록 돕는다.
- 비전을 전수한다.
- 조직문화 내에 가치관을 심는다.
- 전략적 정보를 전달한다.
- 문제가 생겼을 때 들어주고 도움을 준다.

- 부정적인 세력이나 행동에 효과적으로 대처한다.
- 동기를 부여하고 격려하며 자아를 고취시킨다.
- 제자의 독립심을 고취하여 스스로 해나갈 수 있도록 한다.

멘토로서 지도하는 과정은 멘토에게나 제자에게나 모두 도움이 된다. 멘토는 제자가 자신과는 다른 방식, 다른 인생, 지식, 경험을 통해 문제에 접근하는 방식을 봄으로써 새로운 것을 배우게 되는 것이다.

멘토가 되는 것은 공식적으로 일정을 짜서 진행할 수도 있지만 나는 비공식적으로 경영스타일에 자연스럽게 혼합하도록 하는 방법을 좋아한다. 조직의 유형, 개인의 성격, 멘토와 제자의 업무 유형에 따라서 어느 정도까지는 각각의 방식이 모두 효과가 있다. 성공적인 멘토는 조직에 건전하고 형제애가 넘치는 관계를 만들어 준다. 이러한 친밀한 결과는 다음과 같은 결과를 가져와 궁극적으로는 조직에 도움이 된다.

- 직장 내 충성심과 신뢰를 쌓는다.
- 미래를 구축하고 후계를 이을 수 있는 리더를 기르는 메커니즘을 만든다.
- 훌륭한 사람들을 조직에 남게하는 데 도움이 된다.
- 즉석에서 경험을 전수하는 훈련 방법을 사용할 수 있게 된다.
- 관계의 통로를 열어주고 이를 개선한다.

시애틀에 위치한 로펌 아이젠하워 앤 칼슨Eisenhower & Carlson의 파트너 변호사 짐 허쉬겐은 멘토로서 사람들에게 봉사하는 것이 그에게 유형, 무형으로 도움이 됐다고 한다. 그의 멘토 경험으로 인해 그는 고객에게 보다 나은 서비스를 제공할 수 있었고, 수익률은 증가되었고 고객유지율도 개선할 수 있었다. 또한 법조계에서 활동하는 것을 즐기게 되었고 고객들의 삶에 가치를 더하는 방법을 다른 사람들에게 가르쳐 주고자 했던 그의 희망도 이룰 수 있었다. 이는 리더십의 황금률을 따르는 것이 모든 사람들에게 도움이 된다는 것을 보여주는 또 다른 예이다.

여러 해 동안 나는 운 좋게도 자신의 꿈을 이룬 사람들과 일할 수 있는 기회를 얻었다. 어떤 사람들은 우리 조직 내에서 높은 위치에 올랐고 어떤 사람들은 다른 조직의 리더가 되기도 했다. 또 다른 사람들은 자신들의 다음 커리어를 준비하기도 했다. 내 밑에서 일했던 재능 많은 한 부사장은 어느 날 자신의 분야에서 컨설턴트로 일하고 싶다고 털어놓았다. 얼마 후 그는 몇 개의 다른 조직에 제한적이기는 하지만 컨설팅 서비스를 제공할 수 있는 기회를 얻게 되었다. 물론 나는 이 일을 할 수 있도록 그에게 휴가를 주었다. 그는 보다 우리 조직에 충성하게 되어 그의 부재를 상쇄하고도 남았다. 이러한 경험으로 인해 그는 자신의 기술을 더욱 발전시킬 수 있었고 이는 물론 우리에게도 분명히 도움이 되는 일이었다. 언젠가는 그가 이 조직을 떠나게 될까? 아마도 그렇게 될 것이다. 그러나 그가 우리 조직에서 겪었던 좋은 경험들로 인해 그는 우리 조직의 다른 사람들에게 훌륭한 멘토가 되어줄 것이며, 때가 되어 이 조직을 떠나게 되더라도 그가 입사했을 때보다 훨씬 훌륭한 조직을 만들어 놓고 떠날 것이라고 나는 확신한다.

직원들이 최고의 역량을 펼치도록 하라

멘토 과정의 중요한 측면 한 가지는 직원들이 최고의 역량을 펼치도록 하는 것이다. 내가 직업적으로 가장 만족감을 느꼈을 때는 바로 나의 멘토들이 내가 채 준비가 되지 않은 상황에 멘토가 되도록 나를 투입했을 때였다. 나의 멘토였던 레스 베이어 박사는 고등 교육 행정가로서 겨우 2년밖에 일하지 않은 나를 오스틴 컨커디어 대학 학장 비서로 승진시켰다. 마이클 호울리 씨나 존 듀카키스 씨는 그들 선거운동의 책임을 나에게 맡겼으며 루터사회사업이사회의 밥 그린 이사는 36세의 나를 3,000만 달러 규모를 가진 조직의 CEO로 임명하였다. 이때를 돌아보면 이런 도전과 책임에 내가 진정으로 준비가 되어 있었다고는 이야기할 수 없다. 이런 보직을 맡는 사람들에게 흔히 기대되는 경험을 가지고 있지 않았던 것이다. 그러나 내 상관들은 적절한 멘토의 지도를 받으면 내가 그 책임을 다할 수 있을 것이라고 확신했던 것이다.

새로운 도전으로 인한 흥분과 또 실패에 대한 두려움으로 인해 내 두뇌는 그 어느 때보다도 많은 아드레날린이 분비되었다. 나는 잘해보려는 열정을 가지고 있었다. 실패나 내 멘토들을 실망시키는 일은 허용할 수가 없었다. 경험을 통해 나는 직업적인 성장에 대해 아주 소중한 교훈을 배우게 되었던 것이다. 만일 직원을 진정으로 신뢰한다면, 그 직원이 적절한 자질을 가지고 있다고 생각한다면, 그들에게 적절한 지원을 하고 싶다면, 그 직원의 현재 위치에서 기대할 만한 책임보다 더 많은 책임을 주는 것은 그에게나 조직에게나 득이 된다. 나는 리더들이 부하직원들 한사람 한사람을 자세히 살펴보고 그 직원이 능력을 최대한 펼치도록 임무나 과제를 준 적이 언제였는지 생각해보라고 말하고 싶다. 만일 이에 대한 답이 12개월을 넘는다면 아마도 이 훌륭한 직원은 다음 직장에 대해서 생각하고 있을 것이다.

공정성 문제에 관심을 기울인다

인생에서 공정성은 매우 중요한 문제이다. 기독교인에게 있어서도 공정성은 황금률의 중심을 이루는 문제이다. 만일 황금률에 대해 진지하게 생각하고 있는 사람이라면, 할인점 소량 계산대에 한도를 초과하는 물품을 가지고 끼어드는 것은 상상도 못할 일이다. 조직생활에서도 공정성은 중요한 문제이다. 그리고 최종 산물만 공정해야 하는 것이 아니라 직원들은 과정에서의 공정성에도 똑같이 관심을 두고 있다는 사실을 명심해야 한다. 조직생활에 있어서 공정성의 특징을 설명하는 세 가지 측면은 다음과 같다.

1. 참여 : 직원들에게 영향을 미치는 결정을 하는 데 있어 그들의 의견을 청취하고 다른 의견에 대해 반박할 수 있도록 직원들을 참여시켜야 한다.
2. 설명 : 관련된 사람들, 영향을 받는 사람들 모두는 최종 결정이 어떻게 결정되었는지를 이해해야 한다.
3. 명확성 : 일단 결정이 내려지면, 간부들은 새로운 규정을 명확하

게 알려야 한다.

이 세 가지는 특히 실적 평가, 연봉 협상, 특별 보너스 지급 대상 결정, 모든 사람들이 내부 보직에 대해 동등하게 면접의 기회를 부여받았는지 확인하는 것과 같은 상황에 적용할 수 있다. 연구조사 결과에 의하면 조직 의사 결정 과정이 공정하게 진행될수록 직원들은 더욱 경영진을 신뢰하고 그들에게 유리하지 않은 결과라도 받아들이며 조직의 이익을 추구하기 위해 단기적인 희생도 감수한다는 사실이 증명되었다.

본보기로서 그리스도를 증거함

나는 내 자신을 본보기로 보임으로써, 나의 신앙을 드러낸다. 나는 성서 책자를 나눠주거나 동료들에게 공개적으로 신앙을 간증하는 사람은 아니다. 나는 "항상 복음을 전도하시오, 그리고 필요할 때에만 말을 사용하시오."라는 아시시의 성 프란치스코의 권고를 따르려고 하고 있다. 나의 목표는 다른 사람들이 나의 신앙과 가치관이 개인적, 직업적 행동에 어떤 영향을 미치는지 보고 내 안에서 그리스도를 조금이라도 발견하도록 하는 것이다. 나는 동료들과 기독교 신앙에 대한 대화를 하며 내가 믿고 있는 것을 나누었다. 섬기는 리더로서 말과 행동에서 그리스도를 증거하는 것은 주변 사람들에게 영향을 미칠 수 있는 엄청난 잠재력을 가지고 있다. 나는 다른 사람들이 나와 함께 지내면서 하나님을 만날 수 있도록, 매일 어떤 상황에서라도 좋은 증거자가 될 수 있도록 준비하고자 애쓰고 있다.

기독교인 증거자에 대해 내가 할 수 있는 가장 중요한 충고는 직언을 할 것과 관계를 형성하는 데 있어서 솔직히 자신을 내보이고 모든 관계에서 진실되게 행동하라는 것이다. 진실된 행동이라는 것은 다른 사람의 말을 진심으로 들어주고, 지위에 상관 없이 모두를 중요한 사람으로 대우해야 한다는 것을 의미한다. 이런 태도는 다른 사람들의 한계를 이해하고 받아들이며 그들에게 필요한 것을 채워주고자 하는 마음에서 나오는 것이다.

조직에 장기적인 가치를 더하며, 다른 사람의 삶에 변화를 가져오고 그리스도를 알리는 본보기가 될 수 있는 기회를 평생 몇 번이나 가질 수 있겠는가? 하나님은 이 기회를 우리 앞에 놓아주셨다. 제5부를 맺으면서 다른 사람들을 양성하고 지도하는 데 대한 하나님의 말씀을 몇 가지 소개하려 한다.

"서로 화목하게 지내십시오."(마가 9:50)

"존경하기를 서로 먼저 하십시오."(로마 12:10)

"서로 권면할 능력이 있음을 확신합니다."(로마 15:14)

"서로 문안하십시오."(로마 16:16)

"사랑으로 서로 섬기십시오."(갈라 5:13)

"서로 남의 짐을 져 주십시오."(갈라 6:2)

"사랑으로 서로 용납하면서, 오래 참으십시오."(에베소 4:2)

"서로 용서하십시오."(에베소 4:32)

"여러분은 그리스도를 두려워하는 마음으로 서로 순종하십시오."(에

베소 5:21)

"온갖 지혜로 서로 가르치고 권고하십시오."(골로새 3:16)

"서로 위로하십시오."(데살 전 4:18)

"서로 덕을 세우십시오."(데살 전 5:11)

"서로 마음을 써서, 사랑과 선한 일을 하도록 격려하십시오."(히브리

10:24)

"서로 죄를 자백하고."(야고보 5:16)

"서로를 위해 기도하십시오."(야고보 5:16)

"모두가 서로서로 겸손의 옷을 입으십시오."(베드로 전 5:5)

6

가정생활과 직장생활의 균형

쥐들의 경쟁의 문제는 이 경쟁에서 우승해도 여전히 당신은 쥐라는 것이다.
릴리 톰린Lily Tomlin

EXECUTIVE VALUES

진정한 리더에게 특히 기독교인 리더에게 중 요한 것은 가정생활과 직장생활의 균형을 이루는 것이다. 우선순위를 가 지고 가정생활과 직장생활의 균형을 이루려고 노력한다면 우리 자신과 가족에게만 득이 되는 것이 아니라 조직에도 도움이 된다.

연구에 의하면 균형 잡힌 생활을 하는 사람은 직장에서 생산성이 우수 하다. 그러나 우리 모두가 잘 알고 있듯이, 균형 잡힌 생활을 한다는 것 은 말은 쉽지만 행동에 옮기기가 어렵다.

오늘날의 기독교인 기업 경영인들은 균형 잡힌 생활을 하는 데 계속적 인 위협을 받고 있다. 현대 기술, 즉 노트북 컴퓨터, 휴대전화, PDA, 팩 스, 호출기, 또 다른 문명의 이기들로 인해서 집으로 일을 가져오는 일이 많아졌기 때문이다. 심지어는 휴가지에서도, 자녀의 학예회에서도 일은 빠지지 않는다. 물론 반대의 경우도 있다. 개인적인 문제들 즉, 주식 매 입, 휴가 계획, 개인 이메일 확인, 인터넷 서핑 등을 사무실에서 처리한 다면 이는 근본적으로 직장에 가정생활을 가져오는 것이 된다. 이런 현 실을 생각해 볼 때 우리는 우리의 가정생활과 직장생활이 충돌하고 있다 는 것, 그리고 계속해서 충돌하게 될 것이라는 사실을 받아들일 수밖에 없다. 나 자신을 포함해 일부 사람들은 이 두 세계의 충돌을 받아들인다. 사실상 더욱 많은 사람들이 휴식 시간과 근무 시간이 각기 분리된 '공간' 에서 이뤄져야 한다는 생각을 버리고 있다. 심지어는 이런 현대의 현상 을 나타내는 '가상 농장'과 같은 말이 만들어지기도 했다. 인생이란 예술 작품과 같이 전체적인 관점에서 평가되어야만 하는 것이다. 9시에서 6시 까지 근무시간에 성취되는 것으로만 평가되거나 그와 마찬가지로 6시에서 9시까지 집에서 이루는 것들로만 평가되는 것이 아니다. 사도 바울은 "무슨 일을 하든지, 사람에게 하듯이 하지 말고, 주님께 하듯이 진심으로 하십시오."(골로새 3:23)라고 우리에게 이야기한다.

많은 사람들이 신경제의 과도 경쟁 환경의 이면에 대해서 이야기해왔다. 펜실베니아 주립대학 로버트 드래고 노동학 교수는 다음과 같이 저술했다.

> 노동자들은 업무와 가족의 충돌 상황에서 가족을 뒷전에 두라는 요구를 받고 있다. 기업들은 노동자들이 더 열심히, 그리고 더 오래 일할 수 있는 환경을 제공하여 생산성이 계속 오르도록 하고 있다. 그로 인해 가족에 문제가 생겼을 때 이를 해결할 시간은 줄어들게 되었다. 이제 노동자들은 자신의 가족생활에 대한 통제력을 포기하고 다른 사람들이 가족에 대한 결정을 하게 하고 있다.

로버트 라이시 전 미국 노동부 장관은 신경제의 삭막함에 대해 아주 생생한 글을 남겼다. 『부유한 노예*The Future of Success*』에서 그는 신경제로 인해 경제적 안정은 줄어 들었고 동시에 사람들은 보다 정신 없는 생활을 하게 되었으며 그 결과 가족이나 공동체, 자기 자신을 위한 시간과 에너지는 잃어버리고 있다고 주장한다. 라이시는 현내인들이 일마나 더 오랜 시간 일하는지 그리고 얼마나 더 많은 스트레스를 받는지에 대해 지적하고 있다.

직업 패턴을 연구하는 뉴욕 가정 직업 연구소의 엘렌 갈린스키 소장은 문제점을 이렇게 표현하고 있다. "가정생활이 직업에 미치는 영향보다 직업이 가정생활에 미치는 영향은 세배 정도가 된다. 이는 부정적인 가정생활이 다시 직업에 영향을 미치게 되는 연쇄반응을 가져온다." 조직의 행동과 정책은 직원의 개인생활에 실제적으로 영향을 미친다. 기독교인 리더들은 신경제의 부정적인 면을 최소화 할 수 있는 조직문화를 만들 기회와 책임을 동시에 가지고 있다.

직장에 효과적인 조직문화를 만들기 위해서라도 리더로서 우리 자신은 삶의 균형을 찾아야만 한다. 그렇게 되었을 때에만 관심 범위를 주변 사람들로 넓힐 수 있는 것이다.

CHAPTER 1

자신만의 우선순위를 만든다

　기업 경영인으로서 나는 내 인생의 우선과제를 세 가지 세웠다. 나의 신앙, 나의 커리어, 그리고 나의 가정이 그것이다. 가족과 함께 내린 결정을 통해, 나는 자원봉사와 사회봉사를 포함하여 주당 60시간의 일을 하면서도 아내와 딸과 충분한 시간을 함께 할 수 있었다. 내인생에는 텔레비전을 보거나 그저 취미로 즐기는 골프(가족과 함께 하는 것을 제외하고), 아니면 시간만 잡아 먹는 잔디 깎기나 정원 손질과 같은 일로 시간을 낭비할 여유가 없다. 우리는 이런 집안 관리 일을 해줄 사람을 고용하는 것이 가족의 미래를 위한 훌륭한 투자라고 생각한다. 1주일에 60시간을 일하고, 56시간의 수면시간, 조깅, 세면, 잡무 처리나 다른 필요한 일에 20시간을 빼면 가족과 함께 의미 있는 시간을 보낼 수 있는 시간이 32시간이나 남는다.

　우리는 좋은 가정을 만들기 위해 노력하고 있다. 하지만 무엇이 이를 어렵게 만드는가? 한 가지 이유는 가정과 직장의 환경이 판이하게 다르다는 것이다. 직장에서 일어나는 일은 인생의 다른 일을 모두 커버할 만한 가능성을 가지고 있는 것들이다. 일단 사무실 문을 열고 들어서게 되면 우리는 일일, 주간, 분기별, 연간 마감 시한과 비즈니스 사이클에 대응해야만 하는 현실에 직면하게 된다. 우리는 여러 가지의 사이클에 맞추어 특정 성과를 생산해 내야만 하고 그렇지 못하면 실패했다고 평가된다. 우리는 적어도 무의식적으로라도 우리의 자리를 차지하려고 하는 사람들로 인한 압박을 받게 된다. 우리가 에너지를 가장 많이 쓰고 최선을 다하며 우리의 기술과 성공으로 존경받는 곳은 바로 일터이다. 이제는 현실을 인정해야 한다. 우리가 일하는 곳은 만족스럽고, 자아를 길러주는 매력적인 환경이 될 수 있다는 것이다.

이를 우리 가정생활과 대조해보자. 우리는 직장에서의 스트레스와 업무 마감 시한에 찌들려 집으로 들어선다. 집은 엉망진창이다. 우리는 자녀들이 우리를 받들어 준다는 느낌을 거의 느끼지 못한다. 인터넷, 케이블 텔레비전, 전화, 마치지 못한 일 등이 우리의 정신을 빼앗아 사랑하는 사람들과 뜻 깊은 시간을 충분히 보낼 수 없게 만든다. 직장에서와 달리 집에서 보내는 시간의 성과를 양적으로 일일, 주간, 분기별, 또는 연도별로 측정할 수 있는 방법이 없다. 집에서 보낸 시간에 성과가 있다 하더라도 이를 알아보기란 쉬운 일이 아니다. 이런 결과들은 가족관계의 질이나 사회봉사에 대한 감사와 같이 결과를 측정하기 힘들고 손에 잡히지 않는 것들이다.

그렇다고 해서 이런 결과들이 우리 삶에 미치는 영향 면에서 덜 중요한 것은 아니다. 오히려 아주 부정적인 결과를 초래하기도 한다. 다음에 열거하는 가정들에 바로 그런 일이 생긴다.

- 아버지가 안계신 가정에서 10대 소녀들이 15세 이전에 성경험을 할 가능성은 3배 높다.
- 아버지가 안계신 가정의 10대 청소년들이 약물에 빠질 위험이 훨씬 높다.
- 아버지가 안계신 가정의 어린이들에게 천식, 불안, 우울증 및 행동 장애가 훨씬 많다.

이런 일부 부정적인 결과들은 자녀들에게 뒤늦게 나타나는데, 이는 분기별 업무 목표를 달성하지 못하는 것보다 훨씬 심각한 것이다. 일에 쏟는 것과 같은 관심과 에너지를 우리의 신앙과 가정에 쏟지 않는다면 이는 우리가 사랑하는 사람들의 삶을 파괴할 수 있다. 나는 고위 정치인들과도 일해왔고 직업적으로나 개인적으로 아주 성공적인 기업인들과도 일해왔지만 가족과의 관계를 잃는 것만큼 값비싼 희생은 없다는 사실을 알게 되었다. 수십억 달러 규모의 기업을 운영하든지, 병원에서 일하든지, 목사로 일하든지 신앙이 있는 사람이라면 사랑하는 사람들을 우선시해야 한다. 이는 우리의 의무이자 책임이다.

알리 러셀 혹실드는 자신의 저서 『시간 제한*The Time Bind*』에서 가정의 역모델을 소개하고 있다. 직장 여성을 대상으로 한 연구에서 혹실드는 많은 직장 여성들이 집보다는 직장에 있는 것을 더 좋아한다는 사실을 발견했다. 혹실드가 수집한 자료를 보면 이 여성들은 직장에서 보다 대우를 받는다고 느끼고, 직장에서 강한 우정을 쌓으며, 가정에서 자녀를 양육하는 것보다 직장에서 부하 직원의 멘토가 되는 것을 더 만족스럽게 생각하고, 부모의 죽음과 같은 위기 상황에서 가족이나 교회 교우들보다 직장 동료가 더 도움이 된다고 생각한다. 이에 대해 혹실드는 다음과 같이 설명한다.

피곤에 지친 부모들은 결론 없는 다툼, 쌓인 빨래를 뒤로하고 직장의 정연한 질서, 조화와 격려를 향해 간다. 직장 세계에 밀착할수록, 직장의 데드라인, 직장의 사이클, 직장에서의 휴식과 같은 것이 더 많이 우리의 인생을 좌우하고 일에 대한 압박에 가족과의 시간을 더 많이 희생하도록 강요받는다.

기독교인 리더에게는 이런 의문이 들 수 있다. 내가 가정의 장기적 목표를 희생하지 않고서, 우리 가족들은 내 일로부터 오는 압력을 어느 정도까지 견딜 수 있을 것인가? 성공적인 리더이면서 훌륭한 배우자, 부모가 된다는 것에는 많은 노력이 필요하다. 교회에 나가고, 정기적으로 성경 공부에 참석하며 가정 예배나 지속적으로 기도하는 등의 노력이 필요하다. 이런 일에는 특별한 기술이 필요 없다. 단지 이런 생활 방식을 지키겠다는 의지만이 필요하다.

또한 가족 구성원들이 자신들의 목표와 개인으로서의 기대, 가족으로서의 기대를 솔직하게 털어 놓는 것도 매우 중요하다. 우리 가족 세 사람이 나눴던 수많은 대화를 기초로 하여 나는 내 자신의 개인적인, 직업적인 목표를 수립하였다.

- 활기찬 결혼생활을 유지한다.
- 가족과 함께 하는 것을 즐기고, 좋은 교육을 받고, 건강하면서 사회에 잘 적응하는 신실한 기독교인으로 딸을 키운다.
- 내 자신도 다른 사람을 섬길 수 있는 의미 있는 커리어를 가진다.

그럼 실제 세상에서는 어떨까? 아내, 딸과 함께 나는 우리 가족에 영향을 주는 일에 대해 구체적으로 터놓고 이야기해왔다. 예를 들어, 우리가 텍사스 오스틴에서 사는 것에 만족하지만 만일 다른 장소에서 다른 사람들을 섬기라는 주님의 부르심이 있다면 우리는 기꺼이 다른 곳으로 이사를 갈 것이다. 또 아내와 딸은 나의 일로 인해서 우리 가족에게 불필요한 스트레스를 주는 것을 방지하기 위해서 내가 일하는 시간 규칙 조정을 도와주기도 한다. 이런 시간 규칙에는 주중 3일 이상의 출장이 없고, 다른 날은 내가 육체적으로나 정신적으로 가정에서 저녁을 보낼 수 있도록 하고, 대부분의 주말에는 집에 있다. 우리 가족들은 한번에 몇 주씩 출장을 가야 하거나 야근이 잦은 직장에 대해 거부할 권리를 가지고 있다. 또한 조직의 사명이 나의 가치관과 맞지 않는다면 보수가 아무리 많아도 거부한다. 가족들은 그런 내적인 갈등으로 인해 생기는 스트레스는 보수가 아무리 많아도 소용이 없다는 사실을 잘 알고 있기 때문이다.

남편이자 아버지로서 나는 가족들의 소망을 존중하고 그들이 내린 결정을 지지한다. 내가 자주 집을 비워서 가족과 함께 하지 못한다면 가장으로서의 책임을 다 할 방법이 없다. 그리고 솔직하게 말하자면 그런 식으로 살고 싶지 않다. 지금 나의 딸을 지금이 지나면 볼 수 없다. 2학년인 딸이 경험하는 것과 그에 따르는 모든 기쁨과 두려움을 함께하지 못한다는 것은 상상도 할 수 없다. 내가 지나쳐 버린 모든 기회나 직업적인 도전들은 딸이 나이를 먹어도 그대로 남아 있을 것이다. 조지 W. 부시가 2000년 대선에서 승리하였을 때, 내가 이전에 가지고 있었던 선거 운동 본부와의 관계나 나의 배경 때문에 내 동료들과 친구들은 내가 부시 행정부에 지원할 것이라고 생각했다. 하지만 나는 그럴 생각이 없었다. 워싱턴에서의 일이 극도의 긴장, 오랜 시간의 노동, 그리고 사람을 탈진시키는 일이라는 사실을 경험을 통해 알고 있었다. 이는 내가 가지고 있는 세 가지 인생의 목표 중 두 가지를 이루는 데 도움이 되지 않았다. 기존의 자리에 남아 있기로 한 나의 결정은 다른 사람들을 놀라게 했지만 이는 나의 개인적인 우선순위를 지킨 것뿐이다.

나의 인생 우선순위에 가족 중심의 목표를 넣은 것은 일을 뒷전에 미뤄놓겠다는 것을 의미하는 것은 아니다. 매일 내가 집에서 나와서 일에 몰두하고 있는 한, 일은 최우선시 된다. 1,200명의 직원과 함께 여러 주에 걸쳐 사업을 펼치고 있는 사회 사업 기관을 이끄는 것은 시간을 많이 필요로 하고 스트레스도 많은 일이다. 아내와 딸은 우리 조직이 봉사하고 있는 연 3만 6,000명의 고객들 또한 중요하다는 사실을 잘 알고 있다. 그렇지만 가족들은 내가 일에 필요한 관심을 기울이는 동시에 일과 가정생활의 균형을 지킬 수 있는 능력이 있다고 믿고 있다. 가족들은 또한 내가 직업적인 성공을 이룰 수 있도록 도와주는 것을 가족으로서의 역할이라고 생각하고 있다. 예를 들자면 딸의 유치원 졸업식과 같은 행사 중에 회사로부터의 긴급 연락을 받는 것을 참아주는 것도 포함된다.

사람들은 각자 건전한 삶의 균형을 지키기 위해 자신만의 방법을 개발해야 한다. 어떤 사람들은 멘토나 인생 상담자에게 상담하는 것이 유용하다고 생각한다. 또 어떤 사람들은 나와 같이 배우자에게 자문을 구하기도 한다. 나의 경우 건전한 생활의 균형을 유지했기 때문에 세 가지 우선 목표를 모두 동등하게 생각하는 것이 더욱 쉽게 되었다. 이로 인해서 우선 목표에 즉각적으로 요구되는 것들이 뭔지에 따라서 관심을 적절하게 조정할 수 있게 되었다. 지금 이 문단을 쓰고 있는 동안에도 바깥 수영장에서 아내와 딸이 놀고 있는 소리가 들린다. 그렇지만 지금 현재 나의 손에는 직업의 공이 쥐어져 있기 때문에 아내와 딸이 노는 것이 나에게 방해가 되지는 않는다. 지금 나가서 함께 놀면 아마도 훌륭한 가족과의 시간이 될 것이다. 그렇지만 오늘 일과 중에 가족과의 시간을 위해 마련된 시간이 있다. 지금 이 글을 쓰는 데 집중하지 못한다면 오늘 스스로 세워놓은 직업적인 목표를 이루지 못할 것이다. 그렇게 되면 가족의 공은 손에서 곧 떨어져 버리게 될 것이다

이는 일하고 있는 매 순간 최선을 다해야 한다는 뜻이기도 하다. 구체적으로 이야기하자면 직장에서의 매일매일이 휴가 전날인 것처럼 생각하는 것이다. 업무를 모두 마무리하고 목적을 모두 달성해서 다음 날부터 휴가를 즐길 수 있도록 하려고 할 때 얼마나 많은 일을 끝마칠 수 있는지 생각해 보면 된다. 자신이 하고 있는 일이 자신의 소명이라고 생각하는 사람들은 별 어려움 없이 이러한 태도를 갖출 수 있다. 베스트 웨스턴 호텔 체인의 CEO 제임스 에반스는 이렇게 이야기했다. "회사에서 제일 늦게 퇴근하는 사람이 될 필요는 없다. 그저 일과 시

간 동안 일을 가장 많이 하는 사람이 되면 된다. 출근해서 전력을 다해 일하라."

일을 떠나서 가족과 또는 자신과 함께하는 시간이 많을수록 더 생산적이고 성공적인 리더가 될 수 있다는 사실은 사실 모순처럼 들린다. 《라이프 앳 워크》지는 한 호 전체를 이 주제에 할애하였다. 저자들은 우리가 일을 하지 않는다면 이는 게으름이며 우리의 소명을 완수하지 못하는 것이라고 지적하였다. 그렇지만 휴식을 취하지 않는다면 이는 생각이 모자란 것이며 인생의 방향을 알아낼 수 없을 뿐 아니라 하나님을 예배할 수도 없다고 주장하고 있다. 또 다른 곳에서 작가 제레미 리프킨은 사람의 창의성은 친밀한 인간관계와 몰두할 수 있는 놀이를 통해 개발된다고 언급하였다.

또한 스티븐 코비는 그의 저서 『소중한 것을 먼저 해라First Things First』에서 우리는 시계에 따라서 인생을 살 것인지, 나침반에 따라서 인생을 살 것인지 선택할 수 있다고 이야기한다. 우리가 시계에 따라서 살게 되면 우리는 약속, 목적, 스케줄, 활동 등에 얽매이게 된다. 그대신 나침반을 선택한다면 우리는 우리의 비전, 가치관, 원칙, 사명, 방향, 운명과 같은 것의 이끎을 받게 된다. 우리를 이끄는 나침반에 따르게 되면 우리가 중요하게 생각하는 것을 우리 삶의 중심에 두는 인생을 형성할 수 있다. 다시 말해, 언제 '예'라고 해야 할지, '아니오'라고 해야 할지 알게 된다는 것이다. 우리는 나침반에 110퍼센트 집중해서 우리 삶의 균형을 깨는 일에 대해서는 아니오라고 대답하는 법을 배우게 된다. 내가 퇴근해서 돌아왔을 때 아내가 가장 듣기 좋아하는 말은 "오늘도 '아니오'라고 대답했어요."라는 말이다. 그녀는 아니오라고 대답하기 위해서 치러야 하는 대가를 아주 정확하게 알고 있으며 최근에 들어서 이렇게 할 수 있게 된 것에 감사하고 있다.

어떤 동료들은 가정과 직장에만 관심을 기울여야 한다면 녹초가 되어버릴 것이라고 말하기도 한다. 그들은 자신들의 장기적인 인생을 위해서는 사냥을 떠난다거나 골프를 치기 위해 시간을 내는 것이 자신들의 삶의 균형을 위해 중요하다고 말한다. 나와 아내는 우리에게는 단계별로 우리의 인생을 함께 돌아보는 것이 도움이 된다는 사실을 발견했다. 첫 번째 단계인 아이도 없던 신혼시절 우리는 커리어를 쌓는 것뿐만 아니라 골프를 치거나 친구들과 모임을 가질 시간이 충분히 있었다. 지금은 두 번째 단계인 부모로서 자녀를 양육하는 시기이다. 우리는 신혼시기에 했던 일들은 잠시 미뤄둬야 한다는 사실을 알게 되었다. 우리는 또한 우리 딸이 이십대가 되어 대학에 입학하고 독립하게 되면 신혼시기에 했던 일들이 다시 우리 삶의 일부가 될 것이라는 사실 또한 알고 있다. 이 이후에는 우리 인생의 제3장이 시작되는 것이다. 이때가 되면 다시 우리의 선택이나 우선순위가 변하게 될 것이다. 우리 인생의 현재 시기에 하는 선택들이 우리를 영원히 구속하는 것은 아니기 때문이다. 그보다는 의미 있는 커리어를 쌓고 하나님이 보시기에 좋은 가정생활을 영위하려는 우리의 양대 목표를 이루기 위해서 함께 노력하는 것이 지금은 가장 중요하다는 것을 알아야 한다.

개인적 목표와 커리어 목표의 균형

우리 자신의 삶뿐만 아니라, 리더로서 우리는 직장에서 우리 주변에 있는 사람들의 삶의 균형 또는 불균형에 대해서도 면밀한 관심을 기울여야 한다. 리더는 직원들 사이에 건전한 개인생활과 직업생활의 균형을 반영하는 조직문화를 이룩하는 데 있어서 역할모델이 되어야 한다. 이는 의무나 상황이 발생했을 때 밤새 고민하는 것 이상을 의미한다. 예를 들어 동료가 아들의 야구경기를 볼 수 있도록 시외에서 열리는 회의에 자진해서 대신 참석해주거나 딸의 소풍에 참석하기 위해서 직원의 오전 근무를 면제해 주는 것, 또는 저녁식사 시간에 맞춰 집에 도착할 수 있도록 적당한 시간에 퇴근할 수 있도록 해주는 것 등을 의미한다. 이런 행동을 통해서 리더는 업무를 효과적으로 수행하면서도 가족들을 중요시 할 수 있다는 것을 보여줄 수 있다. 또한 리더는 조직 구성원들로부터 존경을 받을 수 있다. 구성원들 또한 자신의 삶에서 이러한 가치관을 실천하게 될 것이다.

직원들이 모두 지쳐버리게 되면 조직은 수익을 낼 수 없다. 작업의 품질이 떨어지고 생산성은 저하되며 직원들은 충성심이 약해지고 회사를 떠나려 할 것이다. 이상적인 조직문화에서라면, 직원들은 급박한 시기나 위기 때, 혹은 기회가 왔을 때 자발적으로 열심히 일을 하게 될 것이다. 그렇지만 그리 급박하게 일할 필요가 없을 때에는 그들은 시간을 내어 자신의 개인생활을 풍성하게 할 것이다. 균형 잡힌 삶을 이끌 수 있는 자유가 주어질수록 직원들의 개인생활은 더욱 만족스러워지게 될 것이며 이는 훌륭한 업무 실적으로 되돌아 오게 될 것이다.

연구 결과들

황금률에 따라서 직원들이 자신의 삶에 균형을 찾도록 도와주는 것은 경영적인 면에서도 훌륭한 선택이다. 새천년에 들어서면서 미국 노동자들의 평균 연간 노동시간은 1980년보다 83시간이 늘어났다. 이미 언급한 바와 같이 근무시간이 늘었다고 해서 조직의 생산성이 높아졌다는 뜻은 아니다. 《매니지먼트 리뷰*Management Review*》 기사에 의하면 최근 업무로 인한 스트레스로 직원들의 결근, 지각, 생산성 저하, 높은 직원 이직으로 인해 발생된 비용이 연간 2억 달러에 달한다는 통계가 나왔다. '일!' '일!' '일!' 만 외치는 조직분화에서 직원들의 정신적 건강이나 복리는 저해된다. 경영 컨설팅업체 암스트롱 그룹의 짐 오스터하우스는 이렇게 지적했다. "정신 건강을 돌보지 않는다면 수익성은 올라가기는커녕 오히려 내려가게 될 것이다." 그는 정신 건강을 돌보지 않은 조직에 대한 부정적인 통계자료를 인용했다.

- 18퍼센트의 직원들은 자신들의 능력을 충분히 발휘하지 않는다.
- 기업들은 세금 공제 후 수익의 25퍼센트를 의료비로 지출한다.
- 15퍼센트의 직원들이 알코올 또는 약물을 남용한다.
- 사기는 추락하고 헌신도는 떨어지며 이직은 늘어나고 생산성이 저해되며 수익 또한 하락한다.

오스터하우스는 계속해서 말한다. "사실상 젊은 세대의 노동자들은 회사가 당연히 그들의 정신적인 균형을 중요하게 생각해주기를 바라고 있다. 그들은 자신들에 대해 잘 알고 있다. 그러므로 기업들이 자신들을 이용만 하거나 학대하는 것을 참지 않을 것이다. 그들은 '집어치워요! 다른 데를 알아보겠어요'라고 말할 것이다."

1998년 가정 직장 연구소(Family and Work Institute, FWI)가 실시한 연구 조사에서 3,351명의 노동자들은 가족을 지원해주는 조직의 일원이 되는 것은 업무에 도움이 된다는 사실을 보여주었다. FWI 소장 엘렌 갈린스키는, 직원들의 필요에 유연하고 공감하는 반응을 보여주고자 하는 고용주의 의지 정도가 회사의 기대를 초과하는 실적을 직원들이 올릴 수 있는지 보여주는 강력한 척도라고 지적했다. 또한 듀퐁사 연구에서 회사가 제공하는 직업-삶 프로그램을 수료한 직원들은 조직을 위해서 일을 더 하는 경우가 45퍼센트 많다는 사실이 확인됐다. 이와 유사한 예로 네이션스 뱅크(NationsBank, 현 뱅크 오브 아메리카)는 회사에서 제공한 직업-가족 프로그램을 이용한 직원들의 이직율이 50퍼센트나 감소했다는 사실을 발견하였다. 《인더스트리얼 릴레이션 저널*Industrial Relations Journal*》에 최근 보고된 바에 따르면 가족을 우선시하는 남성 직원들이 다른 것을 우선시하는 사람들보다 더 많은 돈을 번다는 결론이 나왔다. 이 연구의 공동 저자, 질 콘스탄틴 교수는 이 연구의 결과가 놀라운 것은 아니라고 설명한다. "결혼 시장에서 인기 있는 사람들은 취업 시장에서도 인기 있다. 관건은 관계가 잘 되도록 하는 데 얼마나 관심을 기울이느냐이다."

많은 사람들은 회사의 직업-삶 프로그램이 직장과 가정생활의 균형을 맞추기 위해 애쓰고 있는 여성들을 위주로 마련돼야 한다고 오해하고 있다. 그러나 이 문제는 점점 남성에게도 똑같이 중요한 문제가 되어가고 있다. 남성과 여성 모두를 고려하는 기업들은 가정 친화적인 환경을 만들기 위해 최대한 노력하고 성차별이 없는 조직문화를 만들게 될 것이다. 컨설턴트이자 『일하는 아버지*Working Father*』의 저자인 제임스 르바인은 세월이 지나면서 남성의 가치관이 어떻게 변하고 있는지 설명하고 있다. "오늘날의 아버지들은 자신들이 아버지와 가졌던 관계와는 다른 관계를 자신의 자녀들과 맺고 싶어한다. 자라면서 무엇인가 부족하다는 것을 느꼈고 이를 바꾸고 싶어한다. 그 결과 오늘날의 기업들은 남성 직원들에게 맡은 임무만 완수한다면 어떻게 하든 언제 하든지 유연하게 받아들이겠다는 메시지를 직원들에게 주고 있다."

여론조사기관 해리스 인터액티브Harris Interactive는 설문 조사에서 20세에서 39세 사이의 남성의 80퍼센트는 일류 직업보다도 가족과 많은 시간을 보낼 수 있는 직장을 선호한다는 사실을 발견하였다. 이 사람들의 70퍼센트 이상은 또한 가족과 더 많은 시간을 보내기 위해서 일정 부분의 급여도 포기할 수 있다고 밝혔다. 반면 65세 이상의 남성은 26퍼센트만이 가족을 위한 시간을 급여와 맞바꾸겠다고 응답하였다. 이와 유사하게 젊은 여성 63퍼센트는 가족과 시간을 보내기 위해 급여를 포기하겠다고 대답하였다. 노동 경제학자 폴라 레이맨은 《워싱턴 포스트*Washington Post*》와의 인터뷰에서 "우리가 발견한 사실은 세대와 성별 간의 변화이다. 젊은 남성들은 보다 남성처럼 되려는 여성들 대신 여성들의 감수성을 배우기 시작하고 있는 것이다."라고 말했다.

또한 1999년에 프라이스 워터하우스쿠퍼스가 실시한 조사에서도 유사한 결과가 나타났다. 11개국 2,500명의 대학생을 대상으로 한 조사에서 1997년의 45퍼센트와 비교하여 57퍼센트의 학생들이 개인적 목표와 커리어 목표의 균형을 유지하는 것을 최고 우선순위로 선택하였다. 《월스트리트 저널》은 대학생 구직자들이 면접에서 장래의 고용주들에게 직업과 생활의 균형에 관한 질문을 점점 더 많이 하기 시작했다고 보도했다. 잡지는 엘리 릴리(Eli Lilly, 제약회사)사의 미국 구인담당 이사 산드로 프랜치가 젊은 세대들에 대해 연구한 내용을 인용하였다. "구직자들은 사람들이 어떻게 함께 일하는지, 어떻게 대우받는지, 업무 환경이 우호적이고 지원적인지를 알고 싶어 한다." 이러한 세대의 변화와 문화적 변화를 이해하는 조직들은 유연하면서 가족친화적인 동시에 생산성 높은 직장을 직원들에게 제공하는 것이 장기적인 성공에 필수적이라는 사실을 직관적으로 이해하고 있다.

가족친화적인 조직문화 창출

직원들의 헌신을 장려하면서도 직원들이 직업생활과 개인생활을 모두 의미 있게 균형을 맞출 수 있는 업무 환경을 어떻게 만들 것인가? 선견지명을 가진 조직들은 직원의 필요에 맞추어 업무 시간이나 직원에 대한 기대를 조절함으로써 이러한 균형을 성취하려고 노력하고 있다. 또한 다음과 같은 메시지를 직원들에게 전하기도 한다. '우리는 직업-삶 프로그램을 만들어 직원이 건전한 균형을 유지하도록 도와줄 것이다. 당신이 업무에 대한 책임감을 가지기를 기대하는 것과 같이 당신의 가정생활도 소중하게 생각할 것이며 이 두 역할의 균형을 찾을 수 있도록 최대한 도울 것이다. 우리는 불가피하게 일이 우선되어야 하는 때가 있다는 것을 알고 있다. 우리는 또한 일보다 가족을 우선시 해야 하는 때도 있다는 것을 알고 있다. 우리는 때가 되면 당신이 우선순위를 결정할 수 있을 것이라고 믿고 있다. 우리는 또한 당신이 직원으로서의 역할을 다할 것이며 자신의 목표를 성취하지 못했을 때의 결과도 알고 있다고 믿고 있다.'

이런 프로그램은 올바른 이유에 의해서 시행될 때에만 효과가 있다. 만일 직원들이 업무를 하는 모든 순간을 조직을 위해서 바치도록 하는 것이 조직의 목표라면 이 전략은 결국에는 실패하게 될 것이다. 몇몇 예외를 제외하고 오늘날의 직원들은 조직을 위해서 자신을 희생하려고 하지 않는다. 그들은 사람들을 조종하려는 계획을 매우 빨리 알아차린다. 그런 계획을 실행하게 되면 직원들의 회사에 대한 신뢰가 낮아질 뿐 아니라 생산성이 떨어지고 직원들은 조직에 불충하거나 조직을 떠남으로써 조용히 조직에 보복을 한다.

효과 있는 프로그램

업무 친화적인 조직문화를 만들기 위한 노력은 세 가지 단계로 접근해야 한다. 첫째 리더들은 건전한 직업–삶 균형의 모범을 보여야 하며 부하 직원들에게도 유사한 삶의 균형을 기대하고 이를 격려한다는 것을 보여주어야 한다. 앞에서도 이야기했듯이 이렇게 하려면 리더들과 부하직원들 간에 의미 있는 관계 형성이 필요하다.

둘째, 조직은 직원들의 자율성을 증대시킬 수 있는 방법을 찾아야 한다. FWI는 직원들의 자율성은 직원 이직을 줄이고 충성심을 높이는 데 도움이 되는 주요 요인이라는 사실을 확인하였다. 시간제 재택근무나 유연한 병가 또는 휴가 제도와 같이 자율성을 개발하기 위한 인센티브는 이런 점에서 효과적이다. 우리 조직에서는 고위 간부들의 가정에도 컴퓨터를 지급하여 필요시에는 가정에서 업무를 볼 수 있도록 해주었다. 이런 혜택을 받은 사람들은 조직을 위해 더 많은 시간을 할애하게 되었고 전보다 더 생산성이 높아졌다. 그 이유는 자신들이 일할 때를 선택할 수 있는 일정 수준의 자유를 얻었기 때문이다. 이런 조치는 동시에 간부들의 직업–삶 균형을 개선하고 전체적인 사기도 높여주었다.

어떤 회사들은 인센티브로 휴가를 주기도 한다. 오하이오에 위치한 인력 파견 업체 도슨 퍼스넬 시스템Dawson Personnel Systems은 높아진 판매 목표를 달성한 직원들에게는 그 달의 나머지 근무일 동안 오후 2시에 퇴근을 할 수 있도록 하는 제도를 시행한 후 전반적으로 매출이 두 자릿수로 증가하였다. 또 플로리다에 위치한 수영장 및 욕조 부품회사 알라딘 이큅먼트Aladdin Equiment사는 근무시간을 월요일에서 금요일까지 9시간 근무, 토요일에는 4시간 근무로 바꾸었다. 근무시간을 변경함으로써 알라딘은 결근율을 50퍼센트 줄였고 생산성은 10퍼센트 향상됐다.

어떤 고용주들은 직원들이 생활의 균형을 다시 찾고 이를 유지하고 가족들과 의미 있는 관계를 맺을 수 있도록 안식일을 제공하기도 한다. 내가 알고 있는 안식일 제도 중 가장 일반적인 제도는 뉴욕주 멜빌에 위치한 애로우 일렉트로닉스Arrow Electronics의 안식일 제도이다. 애로우는 7년 근속 직원에게 10주의 유급 안식일을 주며 이 기간 동안 직원은 원하는 것은 무엇이든 할 수 있다. 1994년에서 1999년 사이 북미지역 6,800명의 직원들 중 1,400명 이상의 직원들이 이 제도의 혜택을 받았다. 나 또한 조직에서 부여해 준 11주 간의 안식일 동안 이 책을 쓰고 있다. 이 기간은 나와 가족에게 마법과 같은 시간이었다. 안식일 기간 동안 나는 인생을 재평가하고, 하나님과의 관계를 강화하며, 가족과 다시 가까워질 수 있었다. 또한 조직의 미래를 새로운 관점에서 바라보며 새로운 정신으로 업무에 복귀할 수 있는 기회를 가지게 되었다. 또한 COO가 사장 대행으로서의 소중한 경험을 얻을 수 있는 기회도 됐다. 안식일 제도는 2~3년간 권력에서 멀어져 있었던 직원들을 조직 내에 붙들어 두는 아주 좋은 방법으로 이용된다. 이 제도가 순조롭게 진행되면 직원 유지로 인해 비용이 절약되어 직원들의 시간 손실로 인한 비용을 상쇄하게 된다.

셋째, 가족친화적인 업무 환경을 만들고자 하는 조직은 직원들이 삶의 균형을 찾을 수 있도록 종합적인 복리후생 제도를 마련해야 한다. 여기에는 건강 보험, 신용 조합, 직원용 운동 시설, 탁아 시설, 상담 프로그램, 노부모 봉양을 위한 도움 등이 포함된다. 《타임Time》의 기업 보고서는 재택근무, 직장 내 탁아소, 자녀 양육 강좌, 노부모를 위한 노인 보호시설 추천, 재정 계획 서비스, 장기 건강 보험, 일자리 나누기, 정신 상담 서비스, 단체 자동차 가입 및 주택 보험 가입과 같은 복리후생 혜택은 직장 유지와 회사에 대한 충성심에 긍정적인 영향을 준다고 지적하였다.

고용주의 입장에서 효과가 있었던 실례들을 보면, 가능할 때마다 조직이 가정과 직장 사이의 경계를 없애서 직원들이 양쪽에서 오는 압박을 줄여주는 것이 가장 좋은 방안임을 알 수 있다. 페처 와인과 레녹스 도자기를 생산하는 브라운 포만Brown-Forman Corp.사는 직원들에게 무료 손톱 손질 서비스, 무료 미장원, 구두 수선소, 개인 운동 코치, 여행사 서비스 등을 제공하고 있다. 다른 회사들은 쇼핑을 대행해주는 서비스나 회사 내 세탁소 서비스, 스트레스 관리 세미나 등을 제공하기도 한다. 서클스닷컴Circles.Com은 월 회비를 받고 직원들의 선물 구입, 식사 예약, 문화 행사표 예매, 휴가 계획 등을 도와주고 있다. J. C. 페니사는 텍사스주 플라노에 있는 본사에서 요리사가 준비한 포장 식사를 제공하고 있다. 텍사스 인스트러먼트Texas Instruments사는 직원들에게 자녀 양육 정보, 수유실, 유연한 근무 시간, 어린이 여름 캠프, 용무 대행 서비스, 노인 보호 시설 추천 서비스 등을 제공하고 있다.

이러한 노력과 비용에 대한 결과로 조직과 그 리더들이 얻는 것은 무엇인가? 직원들은 회사의 사명을 믿고 변화를 만들 수 있다고 생각하며 회사의 유연성과 신뢰에 감사한다. 그로 인해 퇴근 후나 주말에도 집에서 기꺼이 일하는 직원들이 있다. 갈린스키 소장은 "지원을 많이 하는 직장에 속한 직원들은 다른 직원들에 비해서 일하려는 의지를 더 많이 보이며 회사의 성공을 위해서 훨씬 더 열심히 일하려 한다."고 지적한다. 오스틴에 위치한 회계법인 맥스웰 록 앤 리터는 조직문화를 보다 가족친화적으로 만들려는 노력으로 인해 이직률과 결근이 줄어들었고 직원들의 생산성과 사기가 증진되었다는 사실을 발견하였다. 훌륭한 직원이라면 이런 유연성을 제공하기 위해서 조직이 들인 비용의 10배 이상을 되돌려 줄 것이다.

CHAPTER 3

성경의 충고

성경에서 균형 잡힌 삶에 대해서 얻을 수 있는 지혜는 무엇일까? 성서에는 예가 풍부하게 실려있다. 특히 나의 관심을 끄는 예는 잠언 31:10-31의 유능한 아내에 관한 이야기이다. 그레이브스 박사는 우리에게 이렇게 이야기한다.

이 여성은 자신의 인생의 중요한 부분 모두에서 좋은 점수를 받는다. 가족 면을 보면 그녀의 남편은 그녀를 진심으로 믿으며(잠언 31:11), 자녀들도 어머니를 찬양한다(28절). 그녀의 사업 동료들은 그녀를 현명한 투자자이자(16절, 18절) 세심한 고용주(15절), 열심히 일하는 사람(17절)으로 인정한다. 그녀가 속한 공동체에서 그녀가 궁핍한 사람을 돕는다는 것을 알고 있으며(20절), 그녀의 공로는 성문 어귀 광장에서 인정받는다(31절).

많은 책임에도 불구하고 우리는 이 여성이 답답해 하거나 당황하거나 스트레스를 받거나 균형을 잃었다는 느낌은 받을 수 없다. 사실은 그 반대이다. 25절을 보면 자신감과 위엄이 몸에 배어 있고, 미래에 대한 두려움이 없다는 말씀이 나온다. 그리고 그녀가 주님을 경외하는 사람이라는 평판을 쌓았다는 것도 분명하다. 그녀의 바쁜 삶 안에서도 하나님을 위한 자리가 있었으며 그 결과는 너무도 분명하다.

성경은 우리에게 아무것도 염려하지 말고 기뻐하라고 가르치고 있다(빌립보 4:4-6). 또한 우리의 시간, 돈을 잘 관리하고(마태 25:14-30, 에베소 5:15-16), 진심으로 일하며(골로새 3:23), 자녀들을 주님의 훈련과 훈계로 양육하라고 가르치고 있다(에베소 6:4). 성경은 우리의 사생활이나 직장생활을 위한 실질적인 원칙을 우리에게 제시한다. 그러나 우리 자신과 조직의 발전을 위해 어떻게 이 원칙을 적용할지는 우리의 선택의 자유에 맡기고 있다.

7

의미 있는 삶을 살라

천국을 목표로 하라. 땅을 덤으로 얻게될 것이다.
땅을 목표로 하면 아무것도 얻지 못할 것이다.
C. S. 루이스 C. S. Lewis

EXECUTIVE VALUES

대부분의 사람은 평생 8만에서 10만 시간을 직장에서 보낸다. 그렇지만 무슨 목적으로 이 많은 시간을 보내는가? 성공의 환상을 따라? 잘못된 직업으로 매주 점점 죽어가고 있는가, 아니면 목적과 열정으로 표현되는 충만한 삶을 살고 있는가? 하나님은 우리가 우리 일을 겨우 하루하루 견디며 살기를 원하지 않으신다. 오히려 하나님은 우리가 일을 선물이자 우리의 천직으로 여기며, 하나님의 창조물에, 그리고 생계를 위한 일에 참여하는 좋은 기회로 생각하기를 원하신다. 일이란 우리의 삶에 의미를 주고 우리가 살고 있는 세상을 개선하며 우리가 그리스도의 증거자가 될 수 있는 기회를 준다.

리더십의 황금률은 새로운 개념이 아니다. 적어도 기독교의 전통만큼이나 오래된 개념이다. 그리고 기업의 리더들은 이 황금률을 전에도 기업에 적용하려고 노력해 왔다. 예를 들어, 17세기 영국에서는 매수자에게 신뢰할 수 없는 상인에 대해 경고를 해주는 '매수자의 위험부담caveat emptor'이 유행이었다. 같은 17세기 친구의 모임(Society of Friends, 퀘이커 Quakers)의 창시자 조지 폭스George Fox는 정직성, 신뢰성, 정찰 가격제 등에 기초한 새로운 사업윤리를 강조하였다. 폭스에게는 이 사업윤리는 사업 세계에서 신앙을 실천하게 되면 얻을 수 있는 아주 논리적인 결과였다. 퀘이커 사업가들은 그의 의견을 존중하고 신뢰하여 아주 큰 성공을 누리게 되었다. 그들의 성공으로 인해 다른 사업가들도 시장에서 살아남기 위해 퀘이커의 사업윤리 모델을 받아들일 수밖에 없게 되었다. 사업 세계에서 이러한 의미 있는 변화를 가져오기 위해서 퀘이커들이 애초에 해야 했던 근본적인 신앙의 변혁을 상상해보라.

역사의 시계를 돌려서 미국으로 와보자. 여기에서도 비슷한 예를 찾을 수 있다. 1917년까지 175개의 상점을 열었던 백화점 체인의 창립자 J. C. 페니는 성경에 기초한 리더십의 가치를 진정으로 믿고 있는 사람이었다. 그는 성경을 아주 좋은 경영 교과서라고 이야기하기까지 했다. 페니는 성경의 원칙이 어떻게 사업에 적용되는지에 대해 다음과 같이 이야기한다.

나는 너희 중에 첫째가 되려고 하는 사람은 꼴찌가 되어야 한다라는 말을 인용하곤 한다. 이 원칙이야말로 사업 성공의 기초가 되는 것이다. 경영 대학에서 성경을 교과서로 사용한다면 괜찮을 것이라고 생각한다. 성경의 가치는 사실 인성을 가르치는 것이다. 그리고 이것은 바로 성공의 근원이다.

더 최근의 예를 찾아보면, 『성공하는 기업들의 8가지 습관』에서 콜린스와 포라스는 3M, 아메리칸 익스프레스American Express, 보잉Boeing, 제너럴 일렉트릭, 존슨 앤 존슨, 휴렛팩커드와 같이 진정한 비전을 가지고 있는 회사들은 핵심 가치관을 세우고 지속시키는 것이 얼마나 중요한 일인지 보여 주고 있다. 조직의 핵심 가치관을 명확하게 표명하고 이 가치관에 따라 행동하는 조직들은 장기적으로 볼 때 조직의 가치를 상당히 높일 수 있다.

리더십의 황금률을 따르는 것은 조직에 바람직한 영향을 줄 뿐 아니라 우리 개인의 삶에도 긍정적인 영향을 준다. 『백만장자 마인드The Millionaire's Mind』의 저자 토머스 스탠리는 부자들의 금전적인 성공에 부자들이 공통으로 가지고 있는 성격이 어떻게 영향을 미쳤는지 설명하고

있다. 자기 통제, 정직, 집중력, 기회를 잡으려는 의지, 자신이 하는 일에
대한 사랑과 같은 특성들이 지능지수나 학력보다 더욱 중요하다는 사실
을 발견했다.

　기업의 리더이자 기독교인으로서 살아간다는 것이 조직에서 자동적으
로 성공을 보장하는 것은 아니다. 기독교인이건 아니건, 조직과 그 리더
들은 방향을 잃고 헤맬 수 있다. 예를 들어, 리더들은 자신이 리더로서
부족하다고 느끼는 시기를 겪을 수 있다. 그러면 이 리더의 삶이 균형을
잃어 조직의 혼란을 야기하기도 한다. 이런 상황을 바로잡기 위해서 어
떤 사람들은 초점을 다시 맞추기만 하면 된다. 어떤 사람들에게는 이것
이 새로운 커리어를 추구하는 것일 수도 있다. 인생과 마찬가지로 리더
십이란 목적지가 아니라 여정인 것이다.

CHAPTER

1

리더십의 세 가지 모드

　최고경영자에서 중간 간부들까지 리더들을 연구하면서, 나는 모든 리더들이 리더십의 세 가지 모드 중 한 가지 모드에서 일하고 있다는 결론을 얻게 되었다. 첫째, '생존' 모드에 있는 리더들은 조직이 계속 운영될 수 있도록 애를 쓰고 있다. 그러한 리더들은 균형이 깨진 삶을 살고 있을 가능성이 높다. 이 리더들은 변화하는 시장에서 지는 싸움을 하고 있으며 시대에 뒤떨어지고 비효율적인 리더십 스타일을 고수하거나 리더십의 황금률을 따르지도 못하고 있다. 그들의 재능과 열정은 그들의 현재 보직에 일치하지 않는다. 이런 사람들은 태만하거나 자신의 일에 대한 헌신이 부족하고 무계획적인 결과를 낳는다. 이런 유형의 리더들은 떠날 날이나 퇴직할 날짜만 세면서 결국 자리를 떠나게 된다. 그들 내면의 열정의 불꽃은 죽어버렸고 그들은 자리에 남아 있는 동안 아무 일도 일어나지 않기를 바라면서 하루하루 살아간다.

리더십의 둘째 모드는 '성공'이라는 아이디어로 특징지어지는 모드이다. 성공 모드의 리더들은 재정적인 성공, 권력과 평판을 가졌으나 무엇인가 부족하다고 느끼고 있는 사람들이다. 외면적으로 보이는 행복은 표면적인 것이며 위선적인 것이다. 그리고 이는 개인적인 불안이나 고통을 가리고 있는 것이다. 이 모드에 속하는 리더는 죽음에 대한 생각이나 혼자 남을 것이라는 생각에 불안해 하며 끊임없이 젊음의 샘이나 최신식 장난감을 찾아 헤맨다. 이 리더들은 자신의 주변에 있는 사람들을 개인적 목표 성취의 도구로 이용한다. 이 모드에 있는 리더는 균형 감각을 모두 잃어버린 사람들이다. 그리고 자신의 신앙에의 연결 고리도 모두 잃은 사람이며 알코올 중독이나 우울증 자녀 문제, 이혼, 인간관계 파탄과 같은 악재들로 뒤범벅된 인생만 남게 된다. 그들에게 의미란 자신들의 지위와 은행 잔고에만 연결되어 있다. 그들이야말로 성공을 위해 몸부림치지만 결국 아무것도 이루지 못한다.

'의미'라는 개념이 바로 리더십의 셋째 모드를 설명하는 말이다. 이 모드에 있는 리더는 자신이 받은 선물과 열정을 발견하고 이것들을 직장, 가족과 결합하여 개인으로서의 삶과 공동체에 의미를 가져온다. 이런 리더들은 자신의 지위를 이용해 세상과 다른 사람들의 삶에 진정한 가치를 더한다. 이 리더는 리더십의 황금률을 진정 이해하고 있으며 신앙과 삶, 직장에서의 균형의 중요성을 이해하고 있는 사람이다. 의미의 모드에 있는 리더는 삶이라는 하나님의 선물이 중요하다는 사실과, 인간이란 하나님 사업의 도구이며 하나님이 우리를 하나님의 목적을 위해 준비시켰다(고린전 12:4-7)는 사실을 알게 된다. 리더십의 의미 모드에 있는 사람은 진정한 섬기는 리더십을 행하면서 그에 따르는 만족과 기쁨을 누리게 된다. 레오 톨스토이Leo Tolstoy의 말처럼 의미 모드의 리더는 인생이란 섬김의 장소이다. 섬김의 인생을 찾는 사람에 게만 진정한 기쁨이 있다.

기업 제국을 건설하거나 멋진 직함을 얻는 것만으로는 이 수준의 리더십에 이를 수 없다. 의미란 우리 주변의 사람들에게 우리가 미친 영향에서 비롯된다. AT&T의 전 교육 담당 이사 앨버트 슈가 나에게 해주었던 이야기를 예로 들어보겠다. 앨버트는 유명한 벨 연구소 중 한 군데를 방문하였는데 이곳에서 연구원들은 정보를 전달하는 데 전 기 대신 빛을 사용하고 있었다. 그런데 빛이나 소리의 분자는 거리가 멀어짐에 따라 분산되기 때문에 빛의 강도를 어떻게 유지해야 할지 고 심하고 있었다. 연구소 벽은 모두 원자에 관한 도표로 도배되어 있었 다. 이 연구소를 방문하면서 앨버트는 연구소 연구원들이 애완동물 애 칭을 붙인 원자의 종류가 50가지가 넘는다는 사실을 알게 되었다. 이 원자들은 순서가 정해져 있었는데 원자 1번이 서열 첫 번째라면 51번 은 서열 꼴찌였다. 49번 원자는 커비라는 애칭으로 불렸다. 연구원들 이 레이저를 원자 커비를 통해 쏘자 빛을 차단하는 것이 아니라 증폭 하였다. 앨버트가 해 준 이야기의 요점은 원자의 크기나 순서가 중요 한 것이 아니라는 것이다. 작고 서열이 낮은 커비이지만 엄청난 가치 와 쓰임새가 있었던 것이다. 충분한 커비가 적절한 위치마다 놓여진다 면 빛은 무한정 뻗어나갈 수 있게 되는 것이다.

매일 일상의 도전들을 헤쳐나가면서 우리는 때때로 커비와 같이 아 주 작고 보잘 것 없는 존재라는 느낌이 든다. 그렇지만 한발 물러서서 우리가 헌신적인 사람들에게 연결되어 있음을 보면 다시 활력을 찾고 힘이 충만하게 된다. 중요한 것은 우리 인생에서 성취한 지위나 순위가 아니다. 수십억 달러의 기업이든 골목의 작은 구멍가게이든, 유명하든 아니든 CEO인지 주부인지가 중요한 것이 아니다. 진정으로 중요한 것은 우리가 어디에 있든 우리는 하나님의 은총과 소망의 무한한 빛을 우리 주변 사람들에게 비추어 준다는 사실을 믿는 것이다.

신앙 확대하기

　우리가 생계를 유지하기 위해 무엇을 하든지 우리는 근본적으로 모두 같은 사업에 종사하고 있는 것이다. 다른 사람을 섬김으로써 우리의 기독교인 신앙을 확대하는 것이 바로 그것이다. "내가 섬기는 사람은 누구인가?"라는 질문을 함으로써 스스로에 대한 정직한 실적 평가를 하는 것은 아주 유용한 작업이다. 때때로 우리는 우리가 현재 어떤 리더십 모드에 있는지 살펴보아야 한다. 매일 남을 섬기는 생활을 하면 우리의 현재 리더십 모드를 생존이나 성공에서 의미의 모드로 올릴 수 있다. 그리고 섬기는 방법은 여러 가지가 있다는 것과 결국에는 우리 모두가 같은 주님을 섬기게 된다는 사실을 항상 명심해야 한다.

　종종 우리는 적합하지 않은 직위에 있다는 사실을 깨닫게 된다. 우리의 노력에도 불구하고 우리 주변 사람들에게 가치를 더해주지 못하며 의미 있는 삶을 살지 못하고 있는 것이다. 그런 때라도 낙담할 필요가 없다. 우리 모두 그런 상황을 겪었다. 나의 경우는 민사 변호사로 일했던 때가 바로 그런 때였다. 이 시기의 나의 리더십 모드는 생존과 성공의 중간쯤에 있었다. 나는 단순히 거액의 돈을 한 기업에서 다른 기업으로 옮기는 것이 유일한 목적인 직업에서 충족감을 느끼지 못했다. 피터 드러커도 이런 경험을 했다. 그는 1930년대 중반, 대공황의 가운데에서 새로운 직업에 대한 전망도 없이 고액의 연봉을 약속하는 투자 은행가로서의 직업을 버린 적이 있다. 그 이유는 진정한 기여를 하고 있다고 느끼지 못했기 때문이었다. 드러커는 일을 그만둔 이유에 대해 이렇게 설명한다. "내가 가치를 두는 것이 사람이었다는 사실을 깨달았고 공동묘지에서 부자가 되어 봤자 아무 소용이 없다는 것을 알았다. 가치관이 궁극적인 판단 기준이었고 그래야만 한다."

드러커와 수많은 사람들이 증명했듯이 일시적으로 가치관에서 벗어났다고 느끼는 직업에 종사하는 것은 사형선고 같은 것이 아니다. 다행스럽게도 우리가 살고 있는 시대는 평생 여러 직업에 종사하는 것이 가능한 시대이다. 두 걸음 전진을 위해 한 걸음 후퇴할 수 있는 것이다. 사실 때때로 우리 주님은 훗날 의미 있는 지위를 위해 우리를 준비시키려고 벗어난 시기를 이용하신다. 예언자 예레미야는 하나님이 우리를 위해 예비해 놓으신 것을 선포하고 있으며 우리는 계획이 여러 가지가 있을 것이라는 생각에 안도할 수 있다.

우리들 중 어떤 사람들은 인생의 목표를 이미 찾았다. 그리고 다른 사람들은 아직도 찾고 있다. 나에게 많은 도움이 되었던 리처드 라이더의 『목적의 힘』에서 저자는 사람의 소망을 '자신이 받은 선물을 나눠주고자 하는 내면의 충동'이라고 정의한다. 우리들 모두는 고유한 선물을 받았고 삶의 쓰임에 있어 목적이 있다는 것이다. 관건은, 우리가 그 선물을 어떻게 발견하고 주어진 것을 어떻게 펼치며 이를 또 어떻게 나눌 것인가이다. 아리스토텔레스가 말했듯이 당신의 재능과 세상의 요구가 교차하는 곳에 바로 당신의 소명, 천직이 있다. 삶의 소명에 응답하지 못하게 되면 우리는 내면으로부터 서서히 죽어가게 된다고 라이더는 경고한다.

죽음에 직면한 사람들은 의미 있는 삶을 산다는 것이 무엇을 의미하는 것인지 건강한 사람들보다 잘 알게 된다. 엘리자베스 퀴블러 로스는 죽음에 직면한 사람들이 자신에게 물어봐야 할 질문 세 가지를 제시하고 있다. 이 질문 모두는 의미에 중점을 둔 것이다. "나는 사랑을 주고 사랑을 받았는가?" "내가 될 수 있었던 것은 모두 되었는가?" "더 좋은 세상을 후손에게 남겼는가?" 인생의 모든 것을 이루었을 때, 우리 인간은 유산, 즉 우리가 죽은 후 세상에 우리 자신의 일부를 남기고자 하는 깊은 열망을 가지게 된다. 우리가 남기는 유산은 우리가 어떻게 자녀를 양육하였는가, 우리의 열정을 어떻게 추구했는가, 우리 주변 사람들에게 어떤 영향을 주었는가, 우리가 믿고 있는 대의명분을 뒷받침하기 위해 어떤 자원을 남겼는가에 의해서 정의될 것이다. 리더로서 우리가 남기는 유산은 이와 유사하게 정의될 것이며 퀴블러 로스가 제시한 질문에 때때로 대답해보는 것은 이 과정을 확인해볼 수 있는 좋은 방법이 될 것이다.

진정한 리더가 되는 것은 매우 어려운 일이며 헌신과 희생을 요구한다. 예수께서는 이러한 책임에 대한 이야기를 단도직입적으로 이야기하셨다. "많이 받은 사람에게서는 많은 것을 요구하고, 많이 맡긴 사람에게서는 많은 것을 요청한다."(누가 12:48) 섬기는 리더가 된다는 것, 건전한 조직문화를 수립하는 것, 효과적인 전략 기획을 작성하고 시행하는 것, 주변 사람들의 멘토가 되어주는 것, 가족과 의미 있는 관계를 유지하는 것 모두는 나의 시간 모두를 투자해야 하는 소명이다. 그렇지만 우리가 하나님의 자녀로서 살아가고 우리의 소명에 충실한 다면 우리는 진정한 기쁨을 알게 될 것이며, 우리 조직과 조직 구성원들에게 진정한 가치를 가져올 것이며, 이는 우리가 그 조직을 떠나게 되더라도 남아서 오랫동안 영향을 미치게 될 것이다. 요약하자면, 우리는 의미 있는 삶을 살아가게 될 것이다. 나는 비영리 조직, 영리 조직 모두에서 일해 봤고 대학과 복지 기관, 정치인과 로펌을 위해서, 많은 봉급을 받고 또 아주 적은 돈을 받고도 일해 봤다. 내가 발견한 사실은 진정한 인생의 충족감은 보다 나은 세상을 건설하는 데서 온다는 것이다.

나와 여러분은 어떤 영향을 줄 수 있겠는가? 아마도 여러분이 생각하고 있는 것보다 훨씬 많을 것이다. 한 가지 이야기가 《월스트리트 저널》에서 보도되기만 해도 수많은 조직에 영향을 미칠 수 있다. 우리 자신과, 우리 조직, 우리 세상을 보다 낫게 만들려고 노력하는 5,000만의 기독교인이 만들 수 있는 변화를 생각해보라. 이런 영향은 판매원으로서, 간호 조무사로서, 회계사로서, 투자 자문가로서, 목사로서, 정치인으로서, 조직의 리더로서, CEO로서 우리의 역할을 통해서 이루어진다. 우리 각자가 리더십의 황금률에 따라 일하고, 다른 사람들이 가치관에 확신을 가지게 될 때 이루어지는 것이다.

우리는 성경에서 하나님이 직장에서의 우리의 노력을 중요하게 생각하신다는 것을 배울 수 있다. 구약에서 하나님은 브살렐이라는 기술자를 부르셔서 하나님의 영을 가득하게 하셔서 금과 은으로 온갖 것을 만들게 하셨다. 우리는 사도 바울을 위대한 전도자이자 문장가, 위대한 섬기는 리더로 알고 있지만 그는 장막을 만들어 생계를 꾸렸던 사람이었다. 우리는 매일의 업무를 통해 하나님에게 영광을 돌릴 수 있도록 선택되고 또 자질을 받았다. 하나님이 손수 만드신 작품으로서 우리는 남에게 대접받고자 하는 대로 남을 대접함으로써 황금률을 지켜야 한다. 그렇게 함으로써 우리는 우리의 열정과 삶의 목적을 발견할 수 있다. 진정한 리더십이란 다른 사람과 나눠야 할 축복이라는 것을 우리는 발견하게 된다.

어린 시절, 예수께서 10명의 나병환자를 고치셨는데 한 사람만이 인사를 하러 왔다는 이야기를 들은 기억이 있다. 그때 나는 '감사 인사를 하러 돌아오지 않은 9명처럼은 절대로 되지 말아야겠다'라고 생각했다. 물론 나는 어린 시절의 이상을 항상 따르지는 못했다. 우리 모두 때때로 주님께서 베푸신 모든 축복에 대해, 적어도 리더가 될 수 있는 능력에라도 감사하는 것을 잊어버린다. 하나님은 우리에게 비전을 주셨다. 매일의 도전에 대응하고 하나님의 왕국에 가치를 더할 수 있도록 도구와 경험으로 준비하게 해 주셨고, 옳은 결정을 할 수 있는 지혜로 채워주시고, 하나님의 말씀을 신실하게 따르고 하나님의 겸손된 종으로써 섬길 때는 상을 주셨다.

오늘날의 경영 잡지와 서적들은 성공을 제품 브랜드의 구축이나 회사 경영이라고 이야기한다. 섬기는 리더는 이를 다른 관점에서 바라본다. 무엇을 하거나 어디로 가거나, 우리가 리더십의 황금률을 따르고

한 사람의 관객, 예수 그리스도를 위해서 삶을 산다면 우리는 성공한 것이다. 하루하루의 행동을 통해 우리는 결국 하나님에 대한 신앙을 보여주는, 걸어다니는 광고의 역할을 하는 것이다.

옮긴이의 말

EXECUTIVE VALUES

대접받고자 하는 대로, 남을 대접하라

'내 마음 같지 않다' 라는 말이 있다. 다른 사람들이 나의 이익을 위해 일해줄 때, 자신의 일처럼 하지 않고 그것이 내 마음에 차지 않는다는 말이다. 십중팔구 이런 경우, 우리는 나 자신을 돌아보는 것이 아니라 다른 사람에게서 그 잘못을 찾게 마련인데 『영혼을 움직이는 리더』는 그러한 우리의 태도에 부드러우면서도 단호하게 일침을 가하고 있다.

"남에게 대접을 받고자 하는 대로 남을 대접하라."는 경구는 우리 모두가 알고 있지만 실천하기는 정녕 어려운 일이다. 실천한다 하더라도 뒤돌아서면 '이러다 내가 손해보는 것이 아닐까' 하는 의심에 사로잡혀 처음 마음먹은 것처럼 실천하지 못하는 경우가 허다하다.

그러나 저자는 이 경구를 실천하는 것이 개인적으로는 삶을 균형 있게 할 뿐 아니라 나아가서는 한 기업의 성공도 좌우한다는 점을 친절하게 설명한다. 현대를 살아가는 크리스천으로서, 이윤 추구라는 현대 경제 원리를 따르는 것이 옳은지에 대해 의문을 가졌던 사람들은 아마도 이 책을 통해 제시하고 있는 방법을 따른다면 크리스천으로서의 신앙과 경제적인 성공이 양립할 수도 있다는 밝은 해답을 얻게 될 것이다.

과거 자본주의가 처음 발전하던 시기에는 노사가 서로 추구하는 이익이 달라서 두 진영의 이익이 양립할 수 없다고 봤다. 따라서 상대방을 위해 일한다는 것은 자신의 이익을 포기한다는 것을 의미했다. 이런 경향은 오늘날까지 이어져 왔고 노사가 서로 다투는 광경은 그리 낯선 광경이 아니었다. 하지만 최근 들어서 이런 생각은 많이 바뀌고 있다. 경영자와 노동자는 서로 반대의 이익을 취하는 존재가 아니라 추구하는 방향이 같은 하나의 단일한 존재임을 깨닫게 된 것이다. 이런 경향은 자본주의가 먼저 발달한 서구에서 먼저 생겨났고 서로가 협력하는 것이 도움이 된다는 것을 증명하고 있다. 아니 궁극적으로 상대 진영의 이익을 존중해주는 것이 다시 자신이 속한 진영에 이익을 가져다준다는 것을 서로가 깨닫게 되었다. 물론 이런 정신에 입각하지 않고 서로가 자신의 이익을 추구하다 보면 공멸한다는 것도 서구의 많은 기업들이 보여 주고 있기도 하다. 최근 법원에 파산신청을 줄줄이 하고 있는 미국의 항공업계가 우리에게 반면교사가 되지 않을까 한다. 이들은 서로가 서로에게 배려를 하려고 하기보다는 자신의 이익을 먼저 내세우다가 누구도 승리할 수 없다는 것을 보여줬다. 따라서 서로를 배려하면서 묵묵히 공동의 가치를 향한 올바른 방향을 제시할 때 현대 기업이 바라는 최선의 결과를 낳을 수 있다.

하지만 이런 공존의 길을 아무나 제시할 수 있는 것은 아니다. 주님께 대한 믿음과 하나님이 주신 선물인 긍정적이면서 섬기는 리더십을 가진 사람만이 할 수 있다. 그럼 어떻게 긍정적이면서 섬기는 리더십을 가질 수 있을까?

해답은 간단하다. 조직의 리더들에게 있어서는 윤리적인 가치가 가장 기본이 되어야 한다. 이 가치를 바로 이 책의 저자인 센스케가 제시하고 있다. 그는 오랜 기간 동안 시험되어온 기독교적 가치와 효과적인 현재의 기업 관행을 결합함으로써 효과적인 기업 간부들의 리더십의 정수를 포착하였다. 저자는 자신의 다양한 경험과 여러 종류의 책, 많은 전문가들과의 만남을 통해 확인하였다. 따라서 매일의 업무를 수행함에 있어서 항상 결정의 순간에 신앙의 힘을 적용하고자 하는 사람들은 모두 이 책에서 영양가 높은 생각의 양식을 얻게 될 것이라고 단언한다.

2005년 10월

이영주

참고문헌

Andrea Gabor, "Creating a New Corporation : How Peter Drucker Radically Changed American Business," *US News & World Report*, 8 May 2000.

Andres Park, "Experience Weighs on Netpliance," *Austin American-Statesman*, 16 April 2001.

Andrew Fineman, "A Call to Authenticity," *The Life@Work Journal*, March-April 2000.

Angela Shah, "Employees Find an Benefit in Providing for Workers," *Dallas Morning News*, 27 July 2000.

Arlie Russell Hochschild, *The Time Bind : When Work Becomes Home and Home Becomes Work*, New York : Henry Holt and Co., 1997.

Barry Lynn, "Going Green in Shades of Gray," *American Way*, 15 March 2001.

Beth Fratzke, "True Confessions of an LB Employee," *Life*, September-October 2000.

Bill Hybels, "The Wonder of It All : Unwrapping the Gift of Leadership," *Life@Work Journal*, September-October 2000.

Bob Woods, "The Challenges for Leaders in the New Economy : An interview with James E. Copeland, Jr." *Chief Executive*, August 2000.

Brock Yates, "Why Couldn't This Marriage Be Saved," *Wall Street Journal*, 29 May 2001.

Carlos Tejada, "Disengaged at Work? Such Workers Cost Billions, a Study Concludes," *Wall Street Journal*, 13 March 2001.

Carol Hymowitz, "How to Tell Employees All the Things They Don't Want to Hear," *Wall Street Journal*, 22 August 2000.

_____ , "Readers Tell Tales of Success and Failure Using Rating Systems," *Wall Street Journal*, 29 May 2001.

Carol Kleiman, "Flexibility at Workplace Not a Stretch," *Austin American-Statesman*, 7 May 2000.

Clint Carpenter, "For-Profits Polish Image with Volunteering," *The Non-Profit Times*, March 2000.

Dale Dauten, "Help at the Office Hard to Come By," *Chicago Tribune*, 29 October 2000.

David S. Pottruck, "New World, Old Traditions," *Chief Executive*, November 2000.

Dennis Rainey, "Is Work Home?," *Life@Work Journal*, May-June 2000.

Diana Kunde, "Tight Market Forces Employees to Devise Ways to Keep Top Talent," *Dallas Morning News*, 11 November 1998.

Earl Maxwell, *Service, Prosperity, and Sanity : Positioning the Professional Service Firm for the Future*, Austin : Maxwell, Locke, & Ritter, 1998.

F. F. Richheld, *The Loyalty Effect : The Hidden Force Behind Growth, Profits, and Lasting Value*, Boston : Harvard Business School Press, 1996.

Francis Fukuyama, *The Social Virtues and the Creation of Prosperity*, New York : Free Press, 1995.

Gary Hamel, "Reinvent Your Company," *Fortune*, 12 June 2000.

Gayle Vassar Melvin, "Fathers Working for Family Life," *Austin American-*

Statesman, 20 November 1998.

Gene Koretz, "On Wall Street, Green is Golden : Eco Concern Is Paying Dividends, *Business Week*, 8 January 2001.

Gene Wilkes, *Jesus on Leadership*, Wheaton Ill : Tyndale House, 1998.

George Donnelly, "Recruiting, Retention and Returns," *CFO*, March 2001.

Gerald F. Davis and Michael Useem, "Governance Leadership and Convergence," *The Corporate Board*, March-April 2001.

Glen Kehrein, "The Local Church and Christian Community Development," *Restoring At-Risk Communities : Doing It Together & Doing It Right*, John Perkins, ed., Grand Rapids : Baker Books, 1995.

Greg Bourgond, "The Significance Factor : Keys to Leaving a Godly Legacy," *Life@Work Journal*, January-February 2000.

Gregory L. White and Karen Lundegaard, "Ford Says Last Year's Quality Snafus Took Big Toll-Over $1 Billion in Profit, *Wall Street Journal*, 12 January 2001.

Harold Burson, "Letters to the Editor," *Wall Street Journal*, January 1999.

Howard Schultz, "The Management Course for Presidents," *Best Practices Case Study : Managing Culture*, New York : American Management Association.

J. C. Penny, "It Is One Thing to Desire-And Another to Determine," *The Book of Business Wisdom : Classic Writings by the Legends of Commerce and Industry*, Peter Krass, ed., New York : John Wiley and Sons, 1997.

J. P. Donlon, "Guess Who's the Chief Reputation Officer?", *Chief Executive*, March 2001.

James C. Collins and Jerry I. Porras, *Built to Last : Successful Habits of Visionary Companies*, New Work : Harper Business, 1994.

James C. Hunter, *The Servant : A Simple Story about the True Essence of*

Leadership, Roseville, Calif. : Prima Publishing, 1998.

James Levine, *Working Father : new Strategies for Balancing Work and Family*, New York : Harcourt, Brace & Co., 1997.

Jeanne Dugan Ianthe, "The Siren Song of the Silicon Valley," *Washington Post*, 17 April 2000.

Jeffrey Ball and Scott Miller, "DaimlerChrysler Director Claims U.S. Executives Withheld Data," *Wall Street Journal*, 4 December 2000.

Jeremy Rifkin, *The Age of Access*, New York : Putnam, 2000.

Jim Barlow, "Improve the Firm : Listen to Workers," *Houston Chronicle*, 8 December 1998.

Joan Urdang, "Money Isn't Everything," *CFO*, March 2001.

John P. Kotter, *Leading Change*, Cambridge, Mass. : Harvard Business School press, 1996.

Jon E. Hilsenrath, "Many Say Layoffs Hurt Companies More Than They Help," *Wall Street Journal*, 21 February 2001.

Kemba J. Dunham, "The Kinder, Gentler Way to Lay Off Employees," *Wall Street Journal*, 13 March 2001.

Ken Blanchard, Bill Hybels, Phil Hodges, *Leadership by the Books : Tools to Transform Your Workplace*, New York : Waterbook Press, 1999.

Kevin Cashman, *Leadership from the Inside Out : Becoming a Leader for Life*, Prove : Executive Excellence Publishing, 1999.

Kevin Maney, "Failure to Define Company's Purpose Led to At&T's 4-Way Split," *USA Today*, 1 November 2000.

Kirstin Downey Grimsley, "Making Family a Priority : Young Men Say a Flaxible Work Schedule Is More Important Than a High Salary, *Washington Post*, 8 May 2000.

_____, "No Time? No Problem : Many Companies Are Offering Creative Perks to Help Stressed-Out Employees,"

Washington Post, 13 March 2000.

Kris Frieswick, "Employee Retention : A Costly Revolving Door," *CFO*, October 2000.

Laura D'Andrea Tyson, "After Irrational Exuberance, Irrational Pessimism," *Business Week*, 12 August 2002.

Laura Koss-Feder, "Perks That Work," *Time, Time Select Business Report*, 9 November 1998.

Laurie Beth Jones, *Jesus, CEO : Using Ancient Wisdom for Visionary Leadership*, New York : Hyperion, 1995.

Lorrain Monroe, "Leadership Is about Making a Vision Happen-What I call 'Vision Acts,'" *Fast Company*, March 2001.

Louisa Wah, "The Emotional Tightrope," *Management Review*, January 2000.

Marcus Buckingham and Curt Coffman, *First Break All the Rules : What the World's Greatest Managers Do Differently*, New York : Simon and Schuster, 1999.

Maria Mallory, "Liar, Liar, Workplace Ire," *Austin American-Statesman*, 3 September 2000.

Marianne M. Jennings, "Ford-Firestone Lesson : Heed the Moment of Truth," *Wall Street Journal*, 11 September 2000.

Marilyn Chase, "Healthy Assets : Corporations Are Discovering That it Can Pay to Keep Their Employees Fit," *Wall Street Journal*, 1 May 2000.

Mark Albion, *Making a Life, Making a Living*, Warner Business Books, 2000.

Mark Williams, "Prophet Sharing with Peter Drucker," Redherring.com, 26 January 2001.

Max DePree, *Leadership Is an Art*, New York : Doubleday, 1989.

──────, *Leadership Jazz*, New York : Doubleday, 1992.

Michael Barrier, "Leadership Skills Employees Respect," *Nation's Business*, January 1999.

Michael Hickins, "Give a Little, Get a Lot," *Management Review*, October 1998.

Michael J. McDermott, "New Policies for MetLife Managers," *Chief Executive Guide*, August 2000.

Milo Geyelin, "How an Internal Memo Written 26 Years Ago is Costing GM Dearly," *Wall Street Journal*, 29 September 1999.

Noel Tichy and Eli Cohen, *The Leadership Engine : How Winning Companies Build Leaders at Every Level*, New York : Harper Business, 1997.

Oren Harari, "The Road Runner Millenium," *Management Review*, January 2000.

Patrick Parta, "Is Current Expansion, As Business Booms, So, Too, Do Layoffs," *Wall Street Journal*, 13 March 2000.

Paula Schlueter Ross, "Angels in the Workplace," *The Lutheran Witness*, October 2000.

Perry Pascarella, *Christ Centered Readership : Thriving in Business by Putting God in Charge*, Rocklin, Calif. : Prima Publishing, 1999.

Peter Cappelli, "A Market-Driven Approach to Retaining Talents," *Harvard Business Review*, January-February 2000.

Peter Drucker, "Managing Oneself," *Harvard Business Review*, March-April 1999.

Pui-Wing Tam, "Silicon Valley Belatedly Boots Up Programs to Ease Employees' Lives," *Wall Street Journal*, 29 August 2000.

Rachel Emma Silverman, "The Jungle : What's News in Recruitment and Pay," *Wall Street Journal*, 29 August 2000.

Rebecca Blumenstein, "AT&T Now Is Facing Erosion in Key Sector : Its Business Customers," *Wall Street Journal*, 11 August 2000.

Rebecca Buckkman, "Keeping on Course in a Crisis," *Wall Street Journal*, 9 June 2000.

Richard Boulton, Barry Libert, and Steve Samek, *Cracking the Value Code :
How Successful Business Are Creating Wealth in the New Economy*,
New York : Harper Collins, 2000.

Richard Higginson, "Integrity and the Art of Compromise," *Faith in
Leadership*.

Richard J. Leider and David A. Shapiro, *Whistle While You Work : Heeding
Your Life's Calling*, San Francisco : Barret-Koehler, 2001.

Richard J. Leider, *The Power of Purpose : Creating Meaning in Your Life and
Work*, San Francisco : Berrett Koehler, 1997.

Richard T. Pascale, Mark Millemann, and Linda Gioja, *Surfing the Edge of
Chaos : The Laws of Nature and the New Laws of Business*, New
York : crown Business, 2000.

Robert Banks, "Moving from Faith to Faithfulness," *Faith in Leadership : How
Leaders Live Out Their Faith in Their Work and Why It Matters*,
edited by Robert banks and Kimberly Powell, San Francisco : Jossey
Bass, 2000.

_____, *Servant Leadership : A journey into the Nature of Legitimate
Power and Greatness*, New York : Paulist Press, 1991.

Robert Greenleaf, *Servant Leadership : A journey of Legitimate Power and
Greatness*, New York : Paulist Press, 1977.

Robert Reich, *The future of Success*, New York : Alfred A. Knopf, 2001.

Robert S. Kaplan and David P. Norton, "Using the Balanced Scoreboard As a
Strategic Management System," *Harvard Business Review*, January-
February 1996.

Rodney Ho, Rebecca Smith, and Jim Carlton, "Some Firms Tout Benefits of a
Social Conscience, *Wall Street Journal*, 3 December 1999.

Ronald A. Heifetz and Donald Laurie, "The Work of Leadership," *Harvard
Business Review*, January-February 1997.

Ronald A. Heifetz, *Leadership without Easy Answers*, Cambridge, Mass. : Belnap Press, 1994.

Scott Thuran, "How to Drive an Express Trains," *Wall Street Journal*, 6 June 2000.

Sheila Wellington, "Succeeding in Adversity Makes Success All the Sweeter," *Fast Company*, May 2001.

Stephen Barr, "Guilty As Charged," *CFO*, April 1999.

Stephen L. Carter, *Integrity*, New York : Basic Books, 1996.

Sue Schellenbarger, "An Overlooked Toll of Job Upheavals : Valuable Friendships," *Wall Street Journal*, 12 January 2000.

_____, "For Harried Workers in the 21st Century, Six Trends to Watch," *Wall Street Journal*, 29 December 1999.

_____, "What Job Candidates Really Want to Know : Will I Have a Life?" *Wall Street Journal*, 17 November 1999.

_____, "To Win the Loyalty of Your Employees, Try a Softer Touch," *Wall Street Journal*, 26 January 2000.

Thomas Addington and Thomas Graves, "Balance : Life's Juggling Act," *Life@Work Journal*, November-December 2000.

Thomas J. Neff, James M. Citron and Spencer Stewart, "Doing the Right Thing Right," *Chief Executive*, February 2000.

Thomas O. Davenport, "Human Capital : Employees Want a Return on Their Investment and Expect Managers to Help Them Get It," *Management Review*, December 1999.

Thomas Stanley, *The Millionaire's Mind*, New York : Andrews McMeel, 2000.

Tom Peters, "Leadership Is Confusing As Hell," *Fast Company*, March 2001.

W. Chan Kim and Renee Maubourgn, "Fair Process : Managing in the Knowledge Economy, *Harvard Business Review*, July-August 1997.

지은이 커트 센스케 Kurt Senske

크리스천 리더십을 바탕으로 한 경영 컨설턴트로서 탁월한 역량을 발휘하고 있으며, 여러 신문과 잡지에 칼럼니스트로 활동하며 타고난 연설가로도 이름을 떨치고 있다. 프랑스 파리의 실러국제대학에서 국제관계학으로, 텍사스대학에서 행정학으로 박사학위를 받은 그는, 몇몇 법률 사무소에서 변호사로 활동했으며 주 연방에서 정치 고문 및 간부로도 일한 바 있다. 현재는 사회복지 사업기관인 루터 사회복지센터의 최고 경영자로 일하고 있다.

옮긴이 이영주

경희대학교를 졸업하고 몬트레이 국제학 대학원 통번역대학원에서 통번역학 석사학위를 취득했다. 그 후 JD Edwards와 Global English, Radio Free Asia 등에서 전문 번역사로 근무했으며 국회사무처 의전통역관으로 일하기도 했다. 현재는 한동대학교 통번역대학원에서 통번역학을 가르치면서 한국전력공사, 농협, 아리랑 FM 등 다수의 회사에서 프리랜서 통번역사로 활동 중이다. 옮긴 책으로는 『프로는 세상을 탓하지 않는다』가 있다.

리더십의 새로운 가능성을 꿈꾸다

2009년 7월 30일 개정판 1쇄 인쇄
2009년 8월 6일 개정판 1쇄 발행

지은이 | 커트 센스케
옮긴이 | 이영주
펴낸이 | 윤정희
펴낸곳 | (주)황금부엉이

주소 | 서울시 마포구 서교동 353-4 첨단빌딩 9층
전화 | 02-338-9151
팩스 | 02-338-9155
홈페이지 | www.goldenowl.co.kr
출판등록 | 2002년 10월 30일 제 10-2494호

기획편집부장 | 홍종훈
편집진행 | 고호장
전략마케팅 | 김유재, 변재업, 정창현, 차정욱, 최현욱
제작 | 구본철

ISBN 978-89-6030-212-9 03230

이 책은 『영혼을 움직이는 리더』의 장정개정판입니다.
잘못된 책은 구입하신 서점에서 바꾸어 드립니다.